JN074441

世界一たのしい経済の教科書

経済ってなんだ？

山本御稔

SB Creative

ぼくの名前は領太（りょうた）。小学3年生。

名付け親は、大学で先生をしていたおじいちゃんらしいけど、ぼくはこの名前が好きじゃない。

だって、お母さんがぼくの名前を説明する時、いつだって「領収書（りょうしゅうしょ）の領です」って言うから。

なんだか、お金に関わる名前って恥ずかしい。

ちなみに、名付け親のおじいちゃんは、ぼくが幼い頃に死んでしまったらしいから、顔も声も覚えてない。けど、その頃の新聞におじいちゃんの写真が載っているのを見たことがある。

難しい漢字ばっかりで、何が書いてあるのかわからなかったけど。

いったいどんなおじいちゃんだったのかな。もっとたくさんお話ししたかったな。

そんなふうに思っていたある日、突然、現れたんだ。

死んだおじいちゃんが、ぼくの目の前に姿を現したんだ。

経済ってなんだ？

目次

序章

ぼくと経済

おじいちゃん、現る

今日は、最悪な日だった。

今までの人生の中で、一番と言っていいほど最悪な日。

だってさ、保育園の時からずっと貯めてきたお年玉を、夏休みのハワイ旅行の資金にするってママが言うんだもん。「ここぞという時のために取っておこうね」って言うから、ママに預けていたのに。

ハワイは行ってみたいけど、どうしてぼくのお年玉まで使われなきゃいけないのさ。

こんなことになるなら、ママに預けなきゃよかった……。

でも、何万円ものお金をいつも持ち歩いて、落としちゃったら悲しいし、部屋の中に置いといて泥棒に盗まれちゃっても嫌だし、みんなどうやってお金を管理してるんだろう。

勉強机に向かってそんなことを考えていると、後ろからぼくを呼ぶ声がした。

領太。

その声は、聞いたことのない声だ。

え⁉　泥棒⁉

お金を盗まれることを考えていたら、本当に泥棒が来ちゃった⁉

領太、ワシのかわいい孫の領太。

ワシ……？　孫……？　何言ってるの⁉　誰なの⁉

パパもママもまだ帰っていない。おばあちゃんはキッチンでご飯を作っているし……。そもそも人間⁉　それとも幽霊（ゆうれい）⁉　ぼくのことを呼んでいるのは、いったい誰なの⁉

おじいちゃんだよ。

お、おじいちゃん⁉

そうだよ、領太のおじいちゃんだよ。

もうダメだ。心臓が止まっちゃうかもしれない。いや、すでに止まっていて、ぼくは天国に来てしまったのかも。

そうじゃない。ワシが領太に会いに来たんだ。

どうしてぼくの心の声が聞こえちゃうんだろう。振り返りたいけど怖くて振り返れない。もしも、足のないおじいちゃんが立っていたら？ 血まみれのおじいちゃんが、ぼくの方を見ていたら？

領太、心配いらないよ。おじいちゃんは血まみれじゃないし、足でしっかり立っているよ。ほれ、振り返ってごらんよ。

そんなこと言われても……。勇気が出ないよ……。

あ！ こんなところに1万円が落ちておる！

え!?

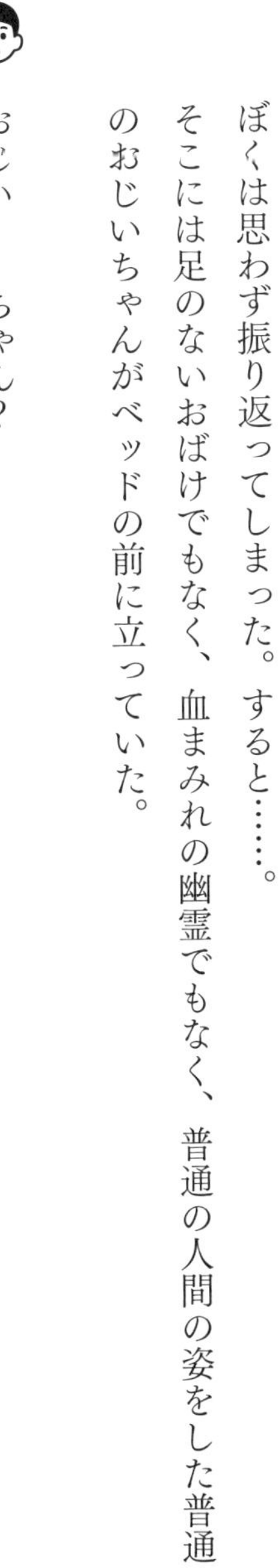

ぼくは思わず振り返ってしまった。すると……。
そこには足のないおばけでもなく、血まみれの幽霊でもなく、普通の人間の姿をした普通のおじいちゃんがベッドの前に立っていた。

おじい……ちゃん？

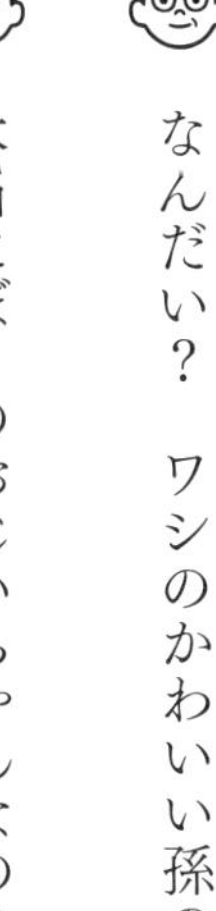

なんだい？　ワシのかわいい孫の領太。

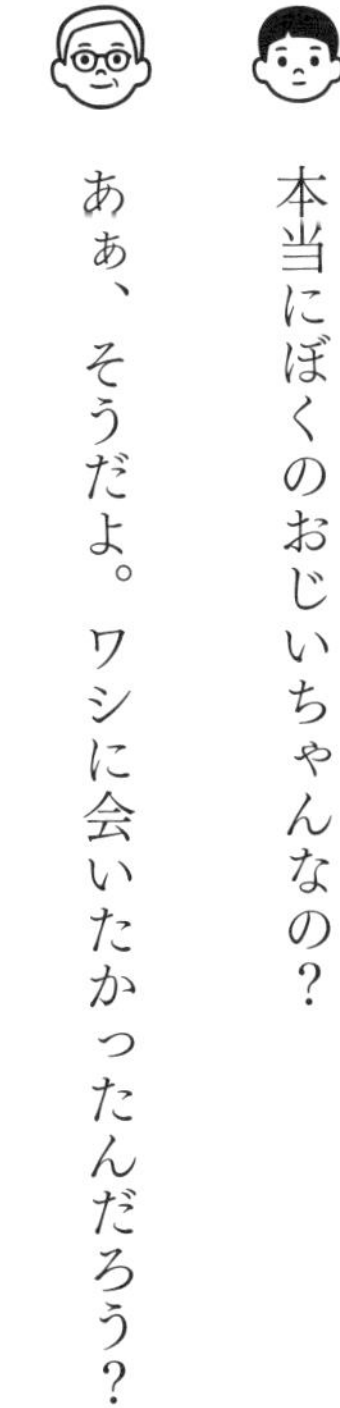

本当にぼくのおじいちゃんなの？

あぁ、そうだよ。ワシに会いたかったんだろう？

……。

領太？　だんまりしちゃって、どうした？

ぼく……夢見てるのかなぁ……。

夢じゃないよ。ほら、ワシの手を握ってごらん。

え⁉　幽霊の手って握れるの⁉　スケスケなんじゃないの⁉

普通の幽霊ならスケスケだけど、おじいちゃんはあっちの世界でめちゃんこ働いたから、普通の人間の姿で下界へ降りることを、天使が許可してくれたのさ。

へぇ～、あっちの世界にもいろいろあるんだね。それにしても、本当にぼくのおじいちゃん？

あぁ、正真正銘（しょうしんしょうめい）、領太のおじいちゃんだよ。

手……さわってもいい？

あぁ、いいとも。

うわっ、あったか〜い。体温がある幽霊なんて聞いたことないや。

もう怖くないかい？

うん、もう大丈夫。ねぇねぇ、おじいちゃん。おじいちゃんは、ぼくに会ったことあるんだよね？

もちろんさ。ミルクをごくごく飲む領太のことも覚えているし、よちよち歩く領太と手をつないでお散歩したこともあるよ。

そうなんだ。ぼくは、おじいちゃんのこと覚えてないんだ……。

当たり前だよ。だっておじいちゃんが死んだ時、領太はまだ小さかったんだから。

そっか……。ねぇ、ぼくの名前をつけたのは、おじいちゃんなんだよね？

そうだよ。よく知ってるね。

うん。ママが言っていたから。おじいちゃんって、大学で何かを教えてた人なんでしょう？

まぁね。**経済**（けいざい）という分野を教えていたが。

ケイ……ザイ？

そう、経済だよ。**マクロ経済**とか**開発経済**とか**国際経済**とか**都市経済**とか……。

ちょ、ちょっと待ってよ！　何がなんだかチンプンカンプンで、幽霊としゃべってるというより、地球の裏側の人と話してるみたいだよ！

地球の裏側の人？　日本の裏側のことかい？　それならブラジルだね。ポルトガル語で経済は、エクォノォミクァ……。

そうじゃなくて！　ちょっと待ってってってば。

領太、お前はいったい何を聞きたいんだ？

何を聞きたいってわけじゃないけど……。

悩みがあるなら、遠慮（えんりょ）なく言ってごらん。おじいちゃんと一緒に解決しようじゃないか。

おじいちゃんと一緒に？

ぼくは、なんだか心が軽くなった気がした。自分だけの味方ができたみたいな気持ちになって、お年玉のことをおじいちゃんに話してみた。するとおじいちゃんは……。

な、なんだって!?　領太の大事なお年玉を、ハワイ旅行の資金にされてしまうって!?

大きい声出したら、おばあちゃんが来ちゃうよ。

それは大丈夫。おじいちゃんの声は領太にしか聞こえないから。

え……。そういうのやめてよ。急におじいちゃんが他の次元の人に見えちゃうじゃん。

たしかにワシは他の次元から来たが、怖がることはない。

急に消えたり、火の玉をドロドロ飛ばしたりしない？

火の玉をドロドロ飛ばすことはないが、消えることはできるぞ。ほら、こんなふうに。はい、ひょっこりはん。

うわ！　やめてよ！　首から上だけ消したり出したり、幽霊版の「ひょっこりはん」なんてぜんぜん見たくないから！

現代で流行っているギャグなんだろう？

こっちでは流行ってるけど、そっちでは流行らせない方がいいと思うよ。

どうして？

どうしても。とりあえず消した顔を早く出してよ！

りょ。

「りょ」って……。幽霊も流行語とか意識するんだね。けど、もうおじいちゃんなんだから、「了解」ってちゃんと言った方がいいよ。

幽霊って言うな。それより領太、これからは、お金の管理を自分でするといい。

自分で⁉　だってぼく、まだ小学3年生だよ？

小学3年生だって、銀行に預金口座を作ることはできる。15歳以上であれば、今の時代、スマホで手続きすることだってできるんだ。

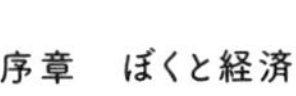

なんだかすごく詳しいね。

あったりまえだ！　おじいちゃんを誰だと思っている⁉　おじいちゃんは……大学の先生である前に、領太の名前をつけた名付け親だぞ！

ああ、領収書の「領」と「太い」で領太って名前ね。

たしかに領収書の「領」でもある。けど、大統領の「領」でもある。

大統領の……領？

そうとも。他にも、先頭に立って率（ひき）いるという意味の「領導（りょうどう）」の領でもあるし、心に受け入れるという意味の「領承（りょうしょう）」の領でもある。領太という名前は、さまざまな意味を幅広く持つ素晴らしい名前なんだ。

大統領の……領太……。うん、なんだか自分の名前が好きになってきたよ。

それは良かった。おじいちゃんが教えていた「経済」という分野も同じなんだ。さまざまな分野に関わり、そして世の中のお金の流れに大きく関係している。そうだ、領太。おじいちゃんが領太のために経済の授業をしてあげよう。お金を安全に貯める方法や、ハワイへ行く時のために日本のお金を海外で使えるように交換する方法や、税金の話や、保険の話や、これからの領太がよりよい暮らしを送るために、おじいちゃんが専属の先生になってあげるよ。

本当!? それはありがたいけど……。

けど?

えっと……。

どうした? おじいちゃん、いや、おじい先生になんでも言ってみたまえ、領太君。

じゃあ、おじい先生。一つ質問してもいいですか?

あぁ、いいとも。なんでも聞くとよい。

そもそもケイザイって……何？

第1章
経済ってなんだ？

「ほしい」をお金を使って実現する

そもそも経済とは、**「お金のやりくり」**のことだよ、領太。

お金のやりくり？

そう。お金を稼(かせ)ぐことや、お金について考えることを「経済」というんだ。江戸時代には、すでに経済という言葉が使われていたともいわれているんだよ。

江戸時代⁉　そんな昔からある言葉なの？

そうとも。江戸よりもっともっと前では**「経世済民(けいせいさいみん)」**といわれていて、「世を経(おさ)めて民の

苦しみを済(すく)う」という意味だったんだ。お金のやりくりという意味とは少し違うけど、時代と共に使い方が変わり、呼び方も短縮され、「経済」という言葉が定着したというわけ。

なるほどね〜。経済がお金に関わることだってことはよくわかったよ、おじいちゃん。
……じゃなくて、おじい先生。

よしよし、さすがワシの孫だ。のみ込みが早い。

でもさ、お金のやりくりのことを経済というのだとしたら、やっぱり、ぼくみたいな子どもには必要のない知識なんじゃない？

な、何を言うか！　領太君よ、よーく聞くがいい。

はい！　先生！

君は、おこづかいをもらっているね？　毎月いくらもらっているかい？

えっと……3年生になってから100円アップしたから、毎月600円もらってます！先生！

では、その600円をいったい何に使ってる？

うんと……もらったその日にまず漫画を買ってぇ、それから……。

はい、ストップ！

なに!?

漫画を買う。それが経済だ。しかも君は、「まず漫画を買ってぇ」と言った。この「まず」という計画そのものが経済なんだよ、領太君。

そっか。ぼくは無意識に「お金のやりくり」をしていたんだ。

そういうこと！　子どもだからといって経済の知識は必要ないなんて大間違い！　学校帰

りに寄り道して駄菓子屋でスルメジャーキーを食べている、その行為そのものも経済なんだ。

え⁉　なんで寄り道してること知ってるの⁉　幽霊やばっ。なんでもお見通しじゃん。

そうだ。なんでもお見通しだ。スルメジャーキーを戸棚にかくしていることもな。

あ！　もしかして、僕が大事にかくしておいたスルメジャーキーを食べたのは……おじいちゃん⁉

おじいちゃんじゃない！　おじい先生だ！

嫌だよ、なんで泥棒に「先生」をつけなきゃいけないのさ。

まぁまぁ、そうカタイこと言うなって。今度、新鮮なイカを持ってきてあげるから。

幽霊からの貢ぎ物なんていらないよ。新鮮っていったって、どうせ死んだイカでしょ。

……。

おじいちゃん？　どうしたの？

……。

もしかして……泣いてるの？

孫に……幽霊呼ばわりされる日が来るなんて……。ワシが生きてさえいれば……。

ごめんね、おじいちゃん。ごめんってば……。もらう。死んだイカもらうよ。でも、できたら干してジャーキーにしてからくれるとありがたいな。なんなら、完成したジャーキーを売って、儲けたお金をぼくにちょうだいよ。

領太……お前は天才か？

は？

なんということだ！　ワシの孫は経済の天才だ！

どういうこと？　おじいちゃん。

つまりだな、「お金のやりくり」のことを経済というと教えたけれども、もっと詳しく言うと**「ほしいという気持ちをお金を使って実現すること」**なんだ。

ほしいという気持ちをお金を使って実現すること……？

すなわち！　お金を払うことで本屋さんは漫画を渡してくれ、お金を払うことで駄菓子屋さんはスルメジャーキーを渡してくれるが、これはまさに「ほしいという気持ちをお金を使って実現している」ことになるよね。また、漫画が完成するまでには、さまざまな人が関わっているよね？　漫画家が漫画を描いて、印刷屋さんが印刷して、本屋さんがそれを売って……。スルメジャーキーも同じで、漁師さんがイカを釣ってきて、それをさばいて、工場で乾燥させたり、袋に詰めたり、それでやっと領太の手に渡る。つまり、さまざ

まな人と過程を経ることでお金が流れている。さらには、高すぎたら売れないし、安すぎたら作っている人たちにお給料を払えないし、そういったお金のやりくりをすべてひっくるめて「経済」というんだ。そのことを今、領太は自然と語った。死んだイカを干して、ジャーキーにして売る……と。わずか小3にしてお金の流れをサラッと語った……。お前は生まれながらにして経済の天才だ！　経済の申し子だ！

ねぇ、おじいちゃん。熱くなってるところ悪いんだけど、ちょっと相談に乗ってもらいたいことがあるんだ。

相談？　なんだい？　おじいちゃんになんでも言ってごらん。

この前ね、シカゴからマイク君って子が転校してきたんだ。

シカゴって……アメリカの？

そう、アメリカのシカゴ。

なつかしいなぁ。おじいちゃんの第二の故郷といっても過言ではないよ。

え？　そうなの？

おじいちゃんは、シカゴの大学で経済を学んだんだ。あぁ、生きてるうちにもう一度行きたかったなぁ。

そんなに行きたいなら、行けばいいじゃん。どうせ飛行機代かからないんでしょう？

どうせって……。領太よ、その「どうせ」は、「どうせ幽霊なんだから」という意味かい？

そうだけど、傷ついた？

傷ついたわけじゃないが……ま、いっか。それで？

マイク君とは言葉はあんまり通じないけどさ、「おいしい」と感じるものは同じかなと思

って、帰りに駄菓子屋へ連れていってあげたんだ。でも……。

でも？

マイク君の持ってるお金がぼくの持ってるお金と違っていたから、スルメジャーキーを買えなかったの。

なるほど。そういうことか。

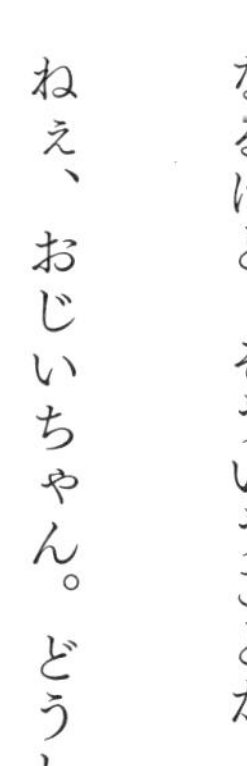

ねぇ、おじいちゃん。どうしたらマイク君もスルメジャーキーを買うことができるの？
今日は、ぼくが買ったのを半分あげたけど、二人とも一袋ずつ買うにはどうしたらいい？

領太、君はとてもいい経験をしたね。お金というものは、国ごとに違うんだ。

国ごとに違う？

そうだよ。色も形も違うし、価値も違う。日本でお金を使う時、「それ何円ですか？」っ

て聞いたりするだろう？　アメリカ人が日本で買い物をする時は、日本のお金の単位である**「円」**にお金を替(か)えなくちゃいけないし、逆に日本人がアメリカで買い物をする時は、アメリカのお金の単位である**「ドル」**に替えなくちゃいけないんだよ。

そういえば、駄菓子屋でマイク君は「ダラァ」とか「ドラァ」とか言ってたなぁ。チータラとかドラ焼きが食べたいのかと思ってたけど、「ドル」って言ってたのかなぁ。

おそらくそうだね。自分がいくら持っているかを領太に伝えようとしていたのかも。

そっかぁ。じゃあ、マイク君はどうやって日本のお金に替えたらいいの？

いい質問だ。領太がハワイへ行く時にも役立つから、よーく聞いておくんだよ。その前に……今、何時かな？

もうすぐ午後7時になるよ。

そうか。じゃあ、領太。この授業の続きをお風呂の中でするのはどうだい？

お風呂？　おじいちゃんと一緒にお風呂に入れるの⁉

あぁ、おじいちゃんと一緒にお風呂に入ろうではないか。

とけて消えたりしない？

しないしない。おじいちゃんは雪だるまじゃないんだから。

やったー！　ぼく、いつも一人でお風呂に入ってたから、つまらなかったんだ。

そんな気がしていたよ。

え？　なんか言った？

いや、いいんだ。かわいい孫と風呂に入りながら、一杯ひっかけるとしよう。

それいいね！　ぼくはジュースで一杯やろうっと！

よし、おじい先生はスルメとお酒を持って入ろっと。風呂なんて何年ぶりかなぁ。

ぼくのスルメジャーキーは盗まないでね。

……。

あ！　都合が悪いこと言われたからって消えないでよ！　おじいちゃん！

第2章

円高・円安ってなんだ？

二つの国のお金を交換する

あぁ〜、いい湯だ。生き返る〜。ほれ、領太も早く入りなさい。

生き返るって……シャレにならない冗談はやめて、おじいちゃん。

このまま本当に生き返れたらなぁ……。

死んだことを後悔してるの？　そもそも、おじいちゃんはなんで死んじゃったの？

まぁ、そのことについては、また今度語るとしよう。まずはマイク君と一緒にスルメジャーキーを食べるために、日本のお金と外国のお金についての授業をしようじゃないか。

うん、そうだね。ねぇ、おじいちゃん。日本のお金と外国のお金は違うって言ってたけど、どうしたらマイク君もスルメジャーキーを買うことができるの？

さっき言った通り、お金というものは国ごとに違うんだ。だから、マイク君が持っているアメリカのお金を、日本のお金に替えなければならない。そして、二つの国のお金を交換することを**「通貨交換」**とか**「外貨両替」**と呼ぶのだが、それは銀行や外貨両替機、両替専門店や旅行代理店や金券ショップなどでできるんだよ。最近だと、外国のお金を電子マネーに交換できる「ポケットチェンジ」という機械があるそうで、複数の通貨を一度に両替でき、両替時間も最短1分程度で完了するとか。

おじいちゃん、あの世でも現代の経済について勉強してるの？

当たり前田のクラッカー！

クラッカー？　何それ？

このギャグはちょっと古かったか……。ま、気にするでない。先へ進もう。

とにかく、マイク君の持っているお金を日本のお金に交換するには、銀行とかで交換しないといけないってことだよね？　じゃあ、1ドルを1円に替えればいいの？

いや、それは違う。マイク君の持っているお金と日本のお金は、価値が同じではないんだ。

価値が同じじゃないって……どういうこと？

1ドルと1円は同じ価値じゃないってことだよ。1ドルを日本のお金に交換すると、おおよそ100円くらいになるんだ。

え⁉　何それ！　1ドルを日本の金に交換すると、1円じゃなくて100円⁉　じゃあ、100ドルを日本のお金に交換したら？

だいたい1万円。

すごっ！　100ドルって、ぼくの1年分以上のおこづかいに交換できるんだぁ。

ただ、いつも同じ条件で交換できるわけじゃないんだ。1ドルが100円の時もあれば、120円の時もある。

どういうこと⁉　日によって交換できる金額が変わるの？

その通り。毎日毎日、価格は変わるんだよ。正確には、「動く」というんだけどね。

動く⁉　こわっ！　何それ、お金が歩き出したりするの⁉

違う違う。領太は想像力が豊かだなぁ。二つの国のお金を交換することを、通貨交換とか外貨両替と呼ぶと教えたね？　それらをひっくるめて**「為替（かわせ）」**というんだ。つまり、違う価値をしたお金を交換する手段かな。ここまでわかるかい？

違う価値をしたお金を交換する手段を「為替」っていうんだね。ってことは、原始時代に

木の実とお肉を交換していたのも為替っていうの？

それはたぶん、物々交換じゃないかな。けど、違う価値を交換するという意味では、あながち間違いではないかも。まぁ、簡単に言うと、為替が動くというのは、二つの国のお金を交換するにあたって「金額は常に動いている」ということだよ。その日によって、交換する金額の率が変わるって意味さ。

金額の……リツ？

そう。率とは割合のことで、１ドル１００円の時もあれば、１２０円の時もある。その「変わる部分」を「率」というんだよ。ちなみに、英語では率のことを「レート」と呼ぶわけ。だから、変動するお金の交換比率を**「為替レート」**というのさ。為替レートを見ると、その日のお金の比率がわかるんだ。

為替ってやつが動くのはわかったけど、なんで動くの？

為替レートは需要と供給で動く

領太、**需要**（じゅよう）**と供給**（きょうきゅう）って知ってるかい？

ジュヨウとキョウキュウ？

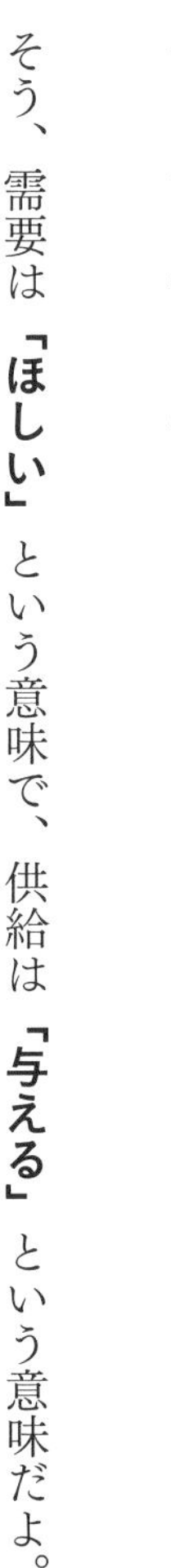

そう、需要は**「ほしい」**という意味で、供給は**「与える」**という意味だよ。

「ほしい」と「与える」？　お店のお客さんと店員さんみたいだね。

まさにその通り！　為替レートの動きには、人々の「ほしい」と「与える」が関係しているんだ。

ふーん。

ん？　領太、もしかして飽きて……る？

そういうわけじゃないけど、「お客さんと店員さん」で思い出したことがあって……。

思い出したこと？

そう。ケーキ屋さんのこと。もうすぐぼくの誕生日だから、ママと一緒にイチゴのバースデーケーキを予約しに行ったら、去年より値段が上がってたんだ。

値段が上がってた？　どうして？

ケーキ屋さんの話によると、今年は台風の影響でイチゴが不作で値段が高かったんだって。だからイチゴケーキを値上げしちゃったんだ。それを聞いたママは、今年はケーキを買わずにママが作るって言い出して……。でも、ママは料理が得意じゃないから、失敗するに決まってる。あーぁ、どこかに安いイチゴケーキ売ってないかなぁ。

領太、それだよ、それ。

それ？

それが需要と供給だよ。つまり、天候による影響で収穫できたイチゴが少ないため、今年のイチゴはとても貴重で高値。だから、ケーキ屋さんはイチゴを使うケーキの価格を上げざるを得ない。でも、あまり上げてしまうと誰も買ってくれない。そのため、損をせずにみんなが買ってくれそうな価格を考えて売っている。まさに、「与える人」と「ほしい人」の関係だね。さぁ、ここで質問だ。ケーキ屋さんと領太のママは、どっちが需要でどっちが供給？

えーっと、ケーキ屋さんが「与える」だから供給で、買うは「ほしい」だから需要がママ？

グレイト！　大正解！　領太のママは買わなかったかもしれないけど、たとえイチゴの値上がりによってイチゴケーキの価格が多少上がっても、イチゴケーキをほしいと思う人がいるということだね。だから、ケーキ屋さんはイチゴケーキの価格を上げたんだ。それと為替レートも同じなんだよ。人気のある（需要の高い）国のお金は高くなり、人気のない（需要が低い）国のお金は安くなるわけ。ただ、人気はずっと続くわけじゃない。ほしがる人が多い日もあれば、少ない日もある。為替レートも需要と供給によって上がったり下がったりするってこと。

そっかぁ、でもさ、日本のお金の人気があるとかないとか、円を高くするとか安くするとか、いったい誰が決めるの？　総理大臣？　それとも銀行の人？

みんなだよ。

みんな？

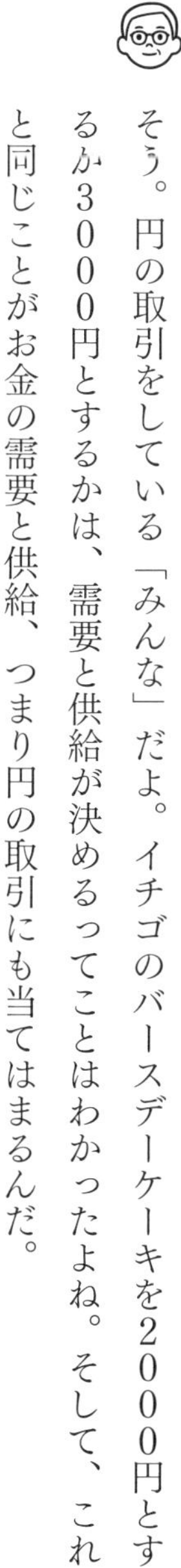

そう。円の取引をしている「みんな」だよ。イチゴのバースデーケーキを２０００円とするか３０００円とするかは、需要と供給が決めるってことはわかったよね。そして、これと同じことがお金の需要と供給、つまり円の取引にも当てはまるんだ。

円のトリヒキ？

そう。マイク君がスルメジャーキーを買うのに円が必要なように、アメリカ人が日本で買い物をする時には円が必要になる。そうしたドルを円に替えたい人が増えると、円の需要

は高まるよね。だから、この動きを**「円高・ドル安」**というんだよ。

じゃあ逆に、ぼくたちがハワイで買い物するためには、ドルを持っていかないといけないってことになるから、ドルの需要が高まるってこと？

そうだね。円とドルを交換する業者は「そっか、領太君はドルがほしいのか」と考える。つまり、ドルの需要が増えるということ。そうした円をドルに替えたい人が増えると、ドルの人気が出て、円の人気が下がることになる。それが**「円安・ドル高」**ということなんだよ。

そっか。少しずつだけどわかってきた。つまり、通貨交換って円とドルの交換だから、片方が高いともう片方は必ず安いってことだよね。円が高いとドルは安いってことであってる？

あってるよ。円が高いとドルは安い。逆にドルが高いと円は安い。今は１００円で１ドルに交換できるけど、１ドル１００円が80円になったり50円になったりする状態を円高っていうんだよ。

１００円が80円とか50円とか安くなっているのに、円高なの？

そうだね、ここで言う高い安いは**円の価値**のことなんだ。例えば、１ドル１００円が、１ドル90円になるということは、それまで１ドルの価値を買うのに１００円必要だったものが、90円で買えるということだから、10円分、円の価値が高くなってるってことなんだよ(円高)。逆に、１ドル１００円が、１ドル１１０円になるということは、それまで１ドルの価値を１００円で買えたものが、１１０円出さないと買えないということだから、10円分、円の価値が低くなってるってことなんだよ(円安)。

円高、円安どっちがいいの？

円の価値が高くなるって、なんだかうれしいな。ねぇ、おじいちゃん。そもそも「円高・ドル安」と「円安・ドル高」はどっちがいいの？

それは、どちらともいえないんだ。今度、領太たちがハワイへ行く時には円高がいいけど、ハワイでドルを使いきれず、ドルが余ったらどうだろう？ 例えば、１ドルだけが余

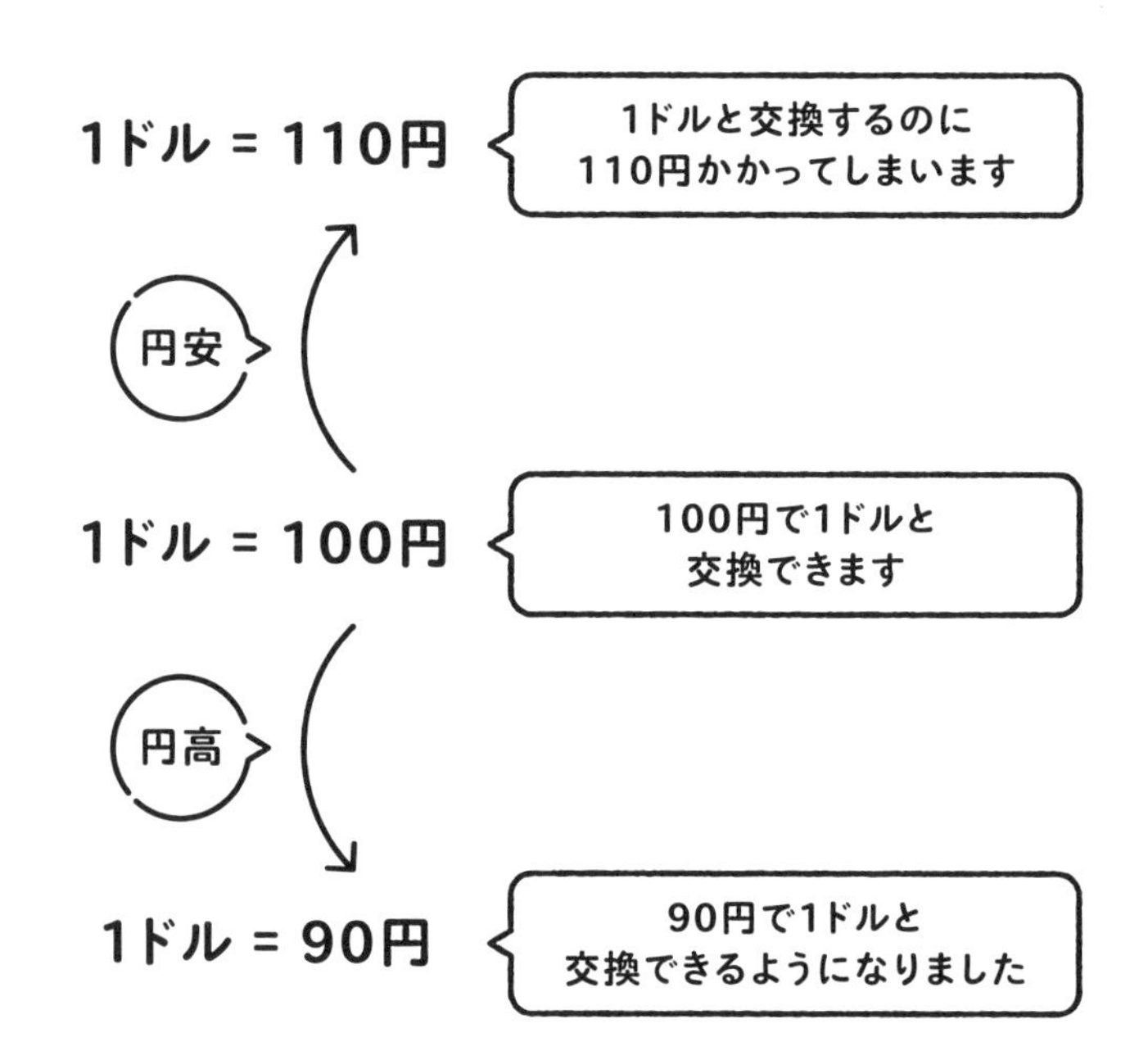
円高と円安
1ドル = 110円
1ドルと交換するのに
110円かかってしまいます
円安
1ドル = 100円
100円で1ドルと
交換できます
円高
1ドル = 90円
90円で1ドルと
交換できるようになりました

ったらどうする？

日本ではドルが使えないから円に替えなきゃ。

そう。もともとハワイに行く前に1ドルが100円だったとしよう。その100円だった1ドルを、今、円に替えるとすれば？

100円より多い方がいいよ。

1ドルが100円ではなくて、110円とか120円の方がいいよね。それはすなわち「ドル高・円安」ってことだ。つまり、ドルを円に交換するときは「円安・ドル高」が望ましい。

ハワイに行く時には円高が良くて、ハワイから帰る時には円安がいい。要するに、時と場合で変わるってことか。

そうだよ！　もう完璧だね、領太。ただね、円とドルを交換することは、旅行の時だけで

はなくて、いろんなところで起こっているんだよ。

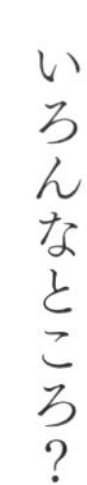
いろんなところ？

円高・円安が動くのには、実は旅行よりももっと大きな原因があるんだよ。

何？　何が原因なの？

それは、ぼー……。

ぼー？

ぼー……っとする……。

円高・円安が動くと、ぼーっとするの？

ちゃうちゃう、酸素が……。

酸素？　おじいちゃん、なんの話してるの？　経済と酸素の話？

いや、そうじゃない……ワシに酸素を……呼吸が……苦しい……。

大丈夫⁉　おじいちゃん！　のぼせちゃったの⁉　白目むいてるよ！

領太……水を一杯おくれ……ブクブクブク……。

わー！　沈まないで！　幽霊が風呂でのぼせるなんて聞いたことないよ。とにかくお風呂を出よう！

ワシの孫はスペシャルグレイトな孫……ブツブツ……ワシの孫は……。

おじいちゃん！　おじいちゃん！　しっかりしてよ！

第3章

貿易ってなんだ？

為替レートは貿易で大きく動く

いやぁ、死ぬかと思ったよ。

何言ってるの？　とっくに死んでるじゃん。

言葉を選びなさい、領太。いくらおじいちゃんが本当に死んでいるからって、傷つくじゃないか。それより、三途(さんず)の川をもう一度泳ぐことになるかと思った……。あんな川、二度と泳ぎたくない。

三途の川って本当にあるの⁉　ねぇねぇ、どんな川⁉

それは……いや、やめておこう。ほら、それより授業の続きだ。

わかったよ……。具合はもう大丈夫？

あぁ、冷たい水がこんなにおいしいものだったなんて、生きてるうちに気づきたかったなぁ。

そういえば、ママがアイスキャンディーを買っておいてくれたよ。

本当かい!? そりゃーうれしいね。領太、バルコニーで一緒に食べようではないか。今食べたらきっと最高においしく感じる気がする。

そうだね。風呂上がりにアイスを食べるなんて最高の贅沢だよね。

そうだよ。最高の贅沢だ。領太はまだ小学生だから、これからもっともっと幸せを味わえるね。若いっていいなぁ～、素晴らしいなぁ～、生まれ変わったら、冷凍庫いっぱいにアイスをストックするとしよう。いや、いっそアイスに生まれ変わるのも……って、領太？

領太や〜、どこだーい？

おじいちゃん！　チョコ味とバニラ味どっちがいい？

えっと、おじいちゃんはバニラ味が……って、ええ！　冷蔵庫まで瞬間移動しとる！　幽霊におとらぬ移動の速さ！

ねぇねぇ、おじいちゃん。さっきの話だけど、円高・円安が動くのには、旅行よりももっと大きな原因があるって言ってたじゃん？　その原因って何？

それは、**貿易**（ぼうえき）だよ。

ボーエキ？

初めて聞いた言葉かい？　貿易とは、外国とモノのやりとりを、いやモノといっても漠然（ばくぜん）としてるな。そうだ、商品だ。商品のやりとりをすることだよ。外国の商品を買ったり、日本の商品を外国に売ったりすることを貿易というんだ。

ふーん。お隣のナユちゃんのパパは、ボーエキの仕事をしてるって聞いたことあるけど、ナユちゃんのパパはいろんな国の商品を買ったり売ったりするのがお仕事ってこと？

そういうことだね。

じゃあ、お仕事で中国へ行ったお土産にってパンダの貯金箱をもらったんだけど、その貯金箱も円をドルに替えて買ったのかな。

中国のお金は、ドルじゃなくて**「元」**という単位なんだ。

ゲン？

そう。さまざまな国のお金はそれぞれ違う名前をしているんだよ。ドイツやフランスといった欧州のお金は**ユーロ**、イギリスのお金は**ポンド**。

ゲンとかユーロとかポンドも、日本の円と交換する時は、毎日金額が変わるの？

為替レートの話だね。うん、そうだよ。ドルだけじゃなく、他の国のお金も毎日毎日、価値が変わるんだ。領太、需要と供給の話をしたのを覚えているかい？

もちろん。需要は「ほしい」という意味で、供給は「与える」という意味だよね。

グレイト！　ナユちゃんのパパのお仕事の貿易は、日本の商品をたくさん外国に売ったり、逆に外国からたくさん商品を買ったりすることなんだ。つまり、たくさんの通貨交換が行われるってこと。そのため、貿易によって為替レートはいっそう大きく動くんだ。

すごっ！　ナユちゃんのパパすごっ！　世界のお金を動かしてるんだね。

そう言っても過言ではないだろう。よし、領太、今からナユちゃんのパパが働いているところへ行ってみようではないか。

え⁉　これから⁉

そうだよ。為替レートが大きく動くこととなる横浜埠頭（よこはまふとう）へ行こう。

横浜に⁉　どうやって⁉　電車で？

電車でもバスでもタクシーでもない。領太、そっと目をつむってごらん。

ちょ、ちょっと待った⁉　あの世に連れてったりしない？

するわけないだろ。ほら、早く。

わかったよ……これでいい？

よし、三つ数えたら目を開けるんだ。

1……2……3……。

さぁ、目を開けてごらん、領太。横浜港から見る景色がきれいだよ。さて、何が見えるか

な？

わぁ〜！　船……船がいっぱい！　あ、すごく大きな客船もある。かっこいい！

客船もかっこいいけど、ほら、あそこに大きな船が見えるだろう？　あれは貨物船という種類の船なんだけど、いったい何をしていると思う？

カモツセン？

あそこに見える貨物船は、商品を輸出したり輸入したりしているんだ。**輸出**とは、日本の商品を外国に「出す」こと。**輸入**とは、外国から日本に商品を「入れる」こと。それらを合わせて「輸出入」というんだ。

そっか。国境を越える大きな買い物、つまり、輸出と輸入の取引のことを「貿易」っていうんだね。

その通り。例えば、日本から輸出するもので多いのは車や電気機器。日本に多く輸入され

るものは原油や衣類といった感じ。

へぇ～、日本は海外にたくさんの車を輸出してるんだね。

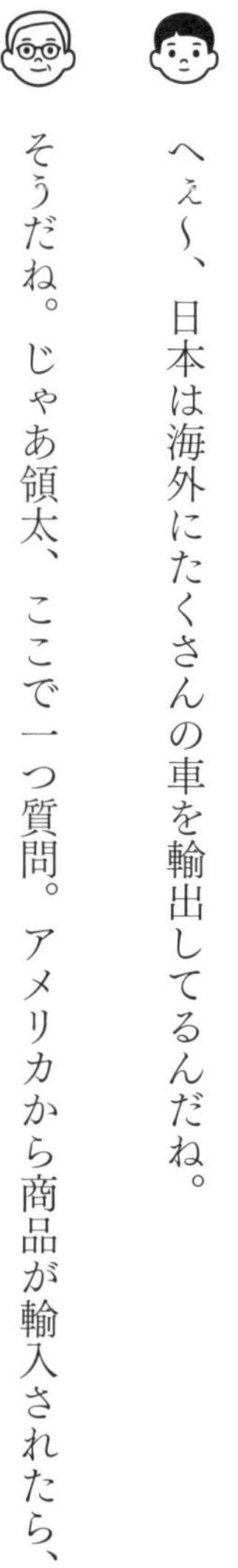
そうだね。じゃあ領太、ここで一つ質問。アメリカから商品が輸入されたら、日本の会社はそれをどうやって買ったらいいと思う？

えっと……アメリカのものを買うなら、ドルでお金を払わなきゃいけない……ってこと？

正解！　円で払われても、アメリカでは使えないからね。輸入して支払う円は、アメリカの人のためにドルに替えてあげなければならないってわけ。反対に、日本の商品をアメリカに輸出した場合、ドルを受け取っても日本じゃ使えない。輸出して得たドルは、円に替えなければいけないんだ。

そうなの？　アメリカの会社はドルを円に替えて支払ってくれないの？

日本製品をアメリカに輸出した場合、代金として円が送られてきたら、それでおしまいだ

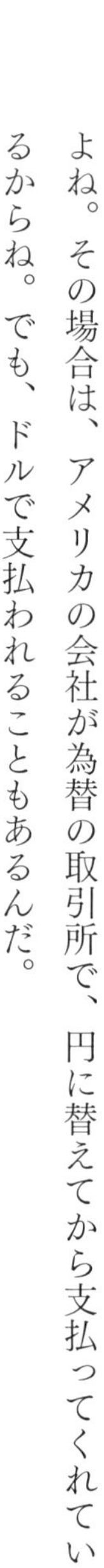

よね。その場合は、アメリカの会社が為替の取引所で、円に替えてから支払ってくれているからね。でも、ドルで支払われることもあるんだ。

なんで？

それはね、ドルが世界中で最も有名で、使いやすい通貨だからなんだよ。ドルでもらっておけば、また、アメリカの商品を買う時に使えるしね。

確かに。便利な感じはするね。

そうなんだよ。そんな感じでドルは便利で強いから、アメリカの会社はドルで支払いをしてくることも結構な割合であるんだよ。でも、基本的に日本ではドルを持っていても使えないから、円に交換することになる。

なるほど。だから貿易という国境を越えて買い物を行うと、為替レートが大きく動くんだね。

そうなんだ。輸出入という貿易で取引されるお金は巨額なんだよ。だから、為替レートは貿易によって決定されると考えてもいいくらいさ。ちなみに、日本の輸出入額は、それぞれ年間約80兆円にもなるんだ。

80兆円！　輸出と輸入を合わせて160兆円！　たしかに海外旅行とは規模が違うね。

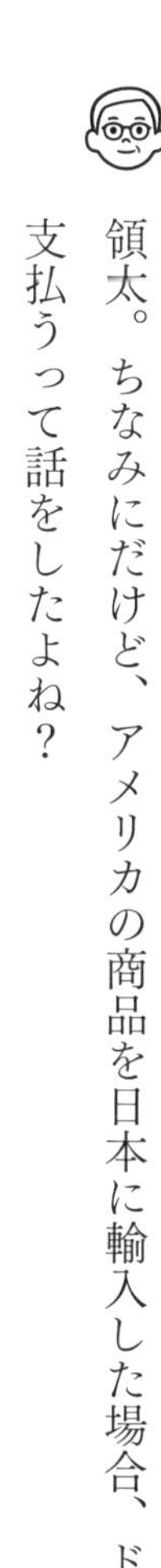

貿易収支はプラスとマイナス、どっちがお得？

領太。ちなみにだけど、アメリカの商品を日本に輸入した場合、ドルに替えてから代金を支払うって話をしたよね？

うん。

このことを、お金を受け取るアメリカ側にとっては**「収入（しゅうにゅう）」**というんだ。そして、お金を支払う日本側から見ると、**「支出（ししゅつ）」**っていうんだよ。支出とは、ある目的のためにお金を支払うことだね。

お金を受け取ることを「収入」といって、お金を払うことを「支出」っていうんだね。

そう。そして、収入と支出のことを合わせて「収支（しゅうし）」といい、貿易による収支を**「貿易収支（ぼうえきしゅうし）」**というんだ。

国境を越える買い物によって、出たり入ったりするお金のやりとりを貿易収支っていうんだぁ。

その通り。外国から輸入した商品のお金を払うために、その国の通貨に替えたり、逆に、日本が外国に輸出した商品を買ってもらうために円に交換してもらったり。お金の需要と供給が大きく動くよね。そうしたお金のやりとりの合計を貿易収支っていうんだ。ちなみに、輸出額が輸入額を上回る状況を**「貿易黒字」**といい、逆に、輸入額が輸出額を上回る状況を**「貿易赤字」**というんだよ。貿易収支の黒字・赤字は通貨に対する需要の増減につながるから、為替レートにも影響が出るのさ。

赤字って、お金が足りなくなることだよね？　ママが家計簿を見ながら「今月も赤字だわぁ～」って言ってるのを聞いたことがあるよ。

それぞれ。その赤字と同じ。貿易赤字は、外国から製品を輸出して日本が稼ぐお金より、輸入して外国に払うお金の方が多いことをいうんだ。黒字はその反対ね。

なるほど。そういうことなんだ。けどさ、外国から輸入された商品って、ぼくの身近にもあるのかな。そういえば、ママと一緒にスーパーへ行くと、いつもお肉のコーナーでアメリカ産にするか国産にするかでママは悩んでるなぁ。

たしかに、身近なスーパーにも海外から輸入されたものが数多く並べられているよね。

ママは悩んだあげく、結局安い方を選ぶんだ。

ということは、アメリカ産のお肉かな？

そう。ぼくは、たくさん食べられるなら、どっちでもいいんだけどね。

輸入したお肉は、国産のお肉より安いからねぇ。

だったら、もっともっと海外からお肉が輸入されるといいな。そしたらみんなお肉をたくさん食べられるじゃん。

お肉が安く買えるのはうれしいけど、輸入されたお肉だけがスーパーで売られたら、日本で牛や豚を育てている農家の人は困ってしまうんだ。

どうして？　あ、そうか。海外から輸入されたお肉だけがスーパーで売られたら、日本で育てた牛や豚が売れなくなって、農家の人にお金が入らなくなっちゃう……ってことだよね？

そうだよ、領太。自分で考えて答えを出せるなんてすごいね。領太の言う通り、海外から輸入されたお肉は安くて手に入りやすいけど、日本の農家の人の暮らしを守るためにも、輸入された商品には**「関税（かんぜい）」**という税金がかかる仕組みになってるんだよ。

カンゼイ？

うん、税金って分かるかな？　消費税とか国民健康保険税とかいろいろな種類があるけど、一言でいうと「国民みんなから集めたお金」のこと。そのお金は、みんなの暮らしが豊かになるために使われるんだよ。税金については、また今度ゆっくり教えてあげるとして、そんな税金の一つに「関税」というものがあるんだ。

貿易はWin-Winで

その関税って、貿易にどう関係するの？

関税とは、国内の産業を守るために、海外から輸入する低価格の商品と国内産の商品の金額に極端な違いが出ないよう、輸入品に税金をかけてわざと高くする仕組みのこと。貿易とは切っても切れない関係なんだ。

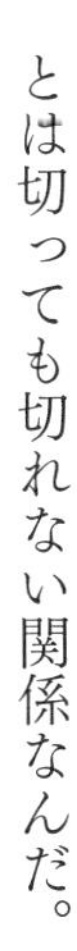

え！？　価格をわざと高くするの!?　せっかく安いお肉を輸入したのに!?

まぁ、買う側としては安く手に入る方がうれしいけど、生産者さんたちのことを考えると、海外から輸入したものばかり売れたら生活が困ってしまうからね。価格のバランスを

取ることが大事なんだ。

そういうことならしょうがないね。じゃあさ、輸出と輸入のバランスが悪いと国同士がケンカになっちゃうこともあるんじゃない？

いい質問だね、領太。例えば、アメリカが日本の車をたくさん輸入したとすると、アメリカ国内の自動車メーカーの車は売れなくなって困るよね。逆に、アメリカの安いお肉を日本がたくさん輸入すると、日本の農家の人たちが困ってしまう。そういったことで産業に関わる人が失業したり、会社が倒産してしまったり、貿易収支のバランスが悪くて経済に悪影響を及ぼし、両方の国の関係がチグハグになってしまうことを**「貿易摩擦（ぼうえきまさつ）」**というんだ。

貿易マサツ？

「摩擦」という言葉を聞いたことあるかい？　ほら、車が急ブレーキをかけた時、道路にタイヤの跡が残るだろう？　あれはタイヤと道路が急激にこすれ合ってしまったことで跡ができるんだ。要は、物体と物体がこすれ合うことを摩擦というんだよ。

じゃあ、原始人が火を起こす時に、木と木とをこすり合わせるあれも摩擦？

すばらしい例えだね。それと同じだよ。輸入と輸出のバランスが悪いと、物体と物体がこすれ合ってしまう現象と同様の問題が起きてしまうというわけ。人間関係がうまくいかない時の例えでも「摩擦が起きる」と表現するよね。そういう困った状態にならないよう、お互いの国が「何をどれだけ輸出、輸入しましょうか」と話し合うことが大切なんだ。

その話し合いがうまくいったら、Win-Win（ウィンウィン）だね！

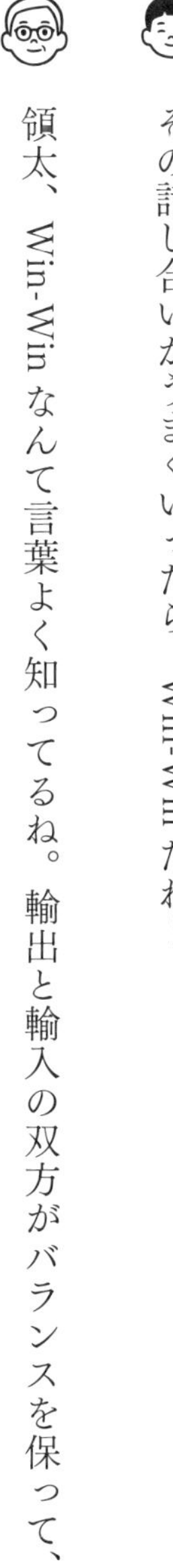

領太、Win-Winなんて言葉よく知ってるね。輸出と輸入の双方がバランスを保って、両方の国が良好な関係をきずいていけたら、まさにWin-Win（双方が利益を得られる形）だよね。

なるほどね〜。貿易についていろいろ知れば知るほど、やっぱりナユちゃんのパパはかっこいいなぁと思う。ぼくもナユちゃんのパパみたいに大きなお金を動かす仕事がしたいな。

夢を持つことは、とてもいいことだよ領太。おじいちゃんは領太を応援するぞ！

ありがとう！　すっごく心強いよ。じゃあ、応援資金ってことでおこづかいをちょうだいよ。

へ？

夢を叶えるためには、資金が必要なんでしょう？　パパがそんなこと言ってるの聞いたことあるよ。だからおじいちゃん、ぼくにおこづかいをちょうだいよ。

よし、じゃあこれをあげよう。ほれ、受け取るがよい。

うわっ！　なんだこれ⁉　死んだイカじゃん！

それでスルメジャーキーを作って、売ってお金に替えるがよい。

くっさ！　生ぐさっ！　ちょっとおじいちゃん！　死んだイカを持ち歩くのやめてよ！

それより、転校してきたマイク君に今日ぼくが覚えたことを教えてあげなきゃ。まずは、マイク君が持っているお金を交換するんだよって。

教えてあげるのはいいことだが……領太よ、君は英語が話せるのかい？

あ、そうだった……。ねぇ、おじいちゃん、英語を教えてくれる？　大学の先生だったんだから、英語も話せるよね？

……。

おじいちゃん⁉　肝心なところで消えないで！　ぼく、おうちに帰れないじゃないか！

アイムソーリー、ひげソーリー。

ひ……げ？

どうだ。英語を使った面白いギャグだろう？　遠慮せずお腹を抱えて笑っていいぞ、領

太。

ふーん……。それを英語と言っていいのか……マイク君に聞いてみるよ。

いや、それは勘弁してくれ！ おじいちゃんは、本当は英語ペラペラなんだ。ギャグでごまかそうとしているわけじゃなくて、領太を笑わそうと思って……。

言い訳はそのくらいにしておきなよ、おじいちゃん。

今度の風呂上がりのアイスは、おじいちゃんの分もあげるから！ マイク君には言わないで！

やった！ ラッキー。じゃあ、夢を叶えるための応援資金も考えといてね！

第4章
銀行ってなんだ？

銀行にお金を預けると、少し増える

ねぇ、おじいちゃん。あの世にもテレビってあるの？

テレビ？　ないなあ。でも、下界に降りてきてテレビをみることはできるよ。

へー、そうなんだ。じゃあ、昨日の夕方のニュースみた？　最近、泥棒の被害にあう家が多いんだって。

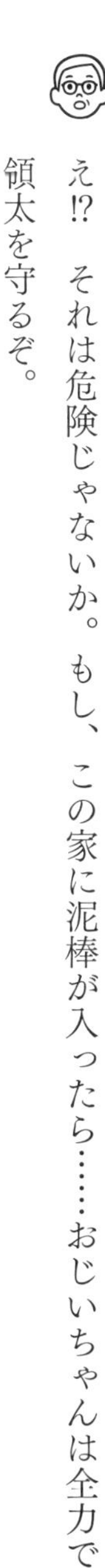

え⁉　それは危険じゃないか。もし、この家に泥棒が入ったら……おじいちゃんは全力で領太を守るぞ。

守るって言ったって、幽霊なのにどうやって？

それは……こうやって。

うわ！　誰⁉　何その顔！　鼻の穴から目玉が出てるよ！　やめてよおじいちゃん！　夢に出てきそうだよ！

凶悪犯には、こんな顔も……。

もういいってば！　わかったから！　おじいちゃんに守ってもらうから！　それより、ぼくのお年玉を泥棒に盗まれないように、どこかへかくさなきゃ。

お年玉？

そうだよ。最初に会った時に相談したでしょう？　保育園の時から貯めていたお年玉をママに預けていたら、ハワイ旅行の資金に使われそうになってるって話。そのお年玉を取り返して、机の引き出しにしまっておこうと思うんだけど、もし泥棒が入ってきたら全部盗まれちゃう……。ねぇ、おじいちゃん。どこにかくしたらいいと思う?

それは、悩むまでもない。銀行だよ、領太。

銀行? 銀行にお年玉をかくすの?

かくすんじゃなくて、預(あず)けるんだ。

預ける?

そう。銀行の一番の役割は、お金を安全に預かってくれること。他の言い方でいうと、お金を「任せる」という感じかな。お金を貸してくれるところでもあるんだけど、それについてはあとで説明するとして。銀行にお金を預けることを「預金(よきん)する」というのだけど、預金するためには、まず銀行で預金口座(よきんこうざ)というものを作ってもらうんだよ。

ヨキンコウザ?

今いくら領太から預かっているか、領太はいついくらお金を出し入れしたかなど、お金の動きを記録しておく仕組みを「預金口座」というんだ。領太専用のお金の帳簿って言うとわかるかな？

おこづかい帳みたいなもの？

そうそう。おこづかい帳みたいなもの。預金口座には一人一人違う番号が与えられて、他の誰かと絶対に間違えないようになっているんだよ。

知らない人にお金を任せて本当に安全なの？　そういえば、テレビのニュースで銀行強盗って言葉を聞いたことがあるよ。銀行にあるお金を盗みに入る人がいるってことでしょう？

そういった悪党が入ることも想定して、銀行にはしっかり管理されている金庫があるから大丈夫。それに、銀行にお金を預けると、少し増えるんだ。

え⁉　お金が増える？　どういうこと？

銀行にお金を預けると、すぐにお金を使うことができない（引き出せない）という不便があるよね？　あと、領太がさっき言ったみたいな不安もあると思う。知らない人にお金を預けて本当に安心なの？って。そういった不便や不安に対して、「ごめんね、でも預けてくれてありがとう」というおわびというか……そう、お礼だ。お礼の気持ちで、銀行は預かったお金を少しだけ増やしてくれるんだ。その増やしてくれた分を**「利子」**や**「利息」**というのさ。

リシもリソクも同じ意味？

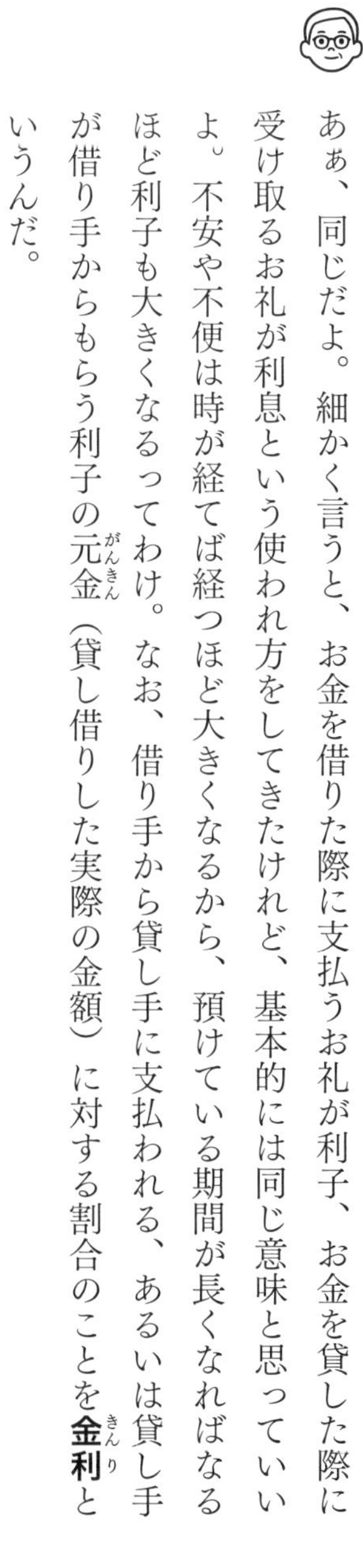

あぁ、同じだよ。細かく言うと、お金を借りた際に支払うお礼が利子、お金を貸した際に受け取るお礼が利息という使われ方をしてきたけれど、基本的には同じ意味と思っていいよ。不安や不便は時が経てば経つほど大きくなるから、預けている期間が長くなればなるほど利子も大きくなるってわけ。なお、借り手から貸し手に支払われる、あるいは貸し手が借り手からもらう利子の元金（貸し借りした実際の金額）に対する割合のことを**金利**というんだ。

預けると、どんどんお金が増えるってこと？　いくらくらい？

利子と利息と金利

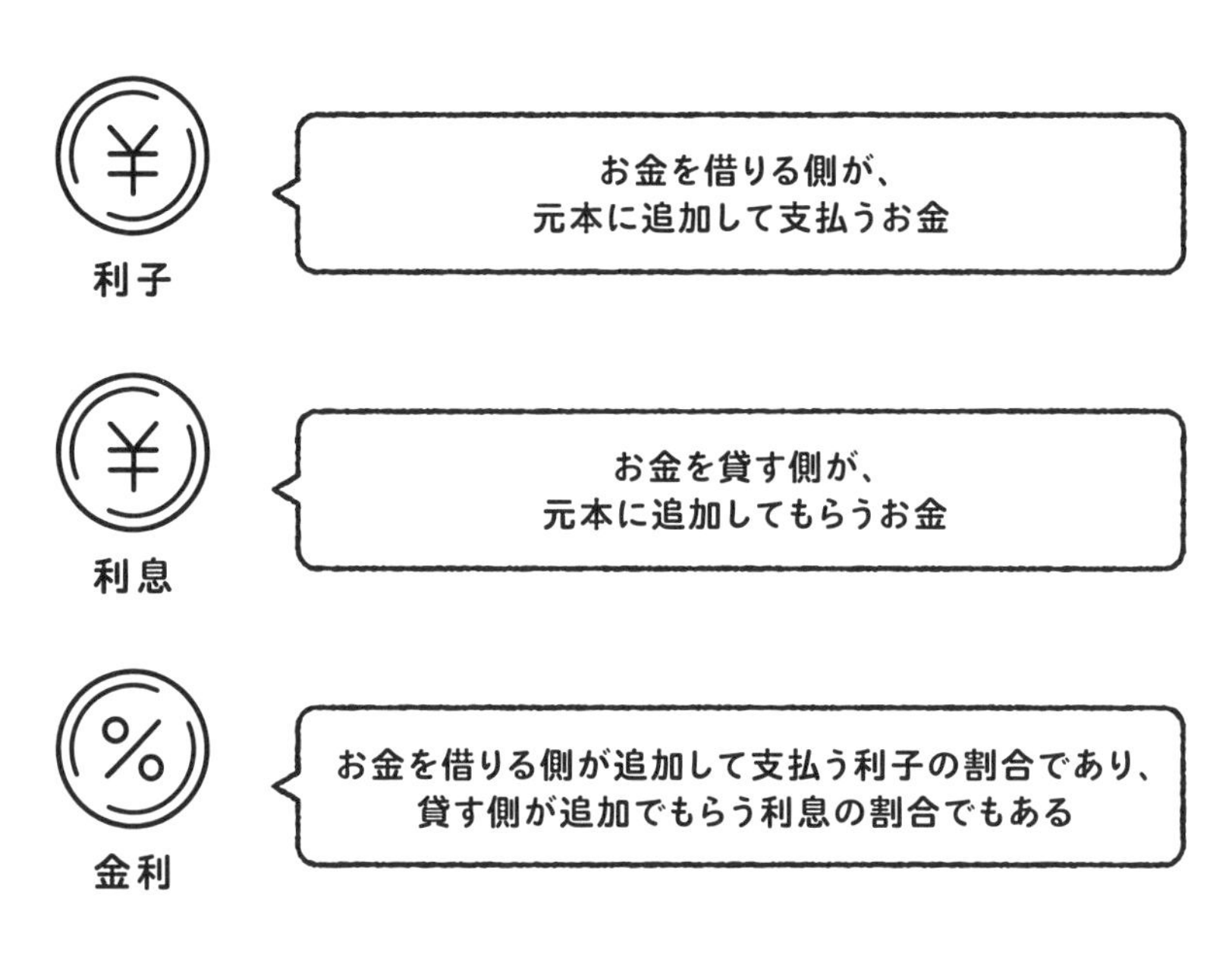

※利子と利息は厳密に使い分ける必要はない

最近は、本当に少しかな。例えば領太が１０００円預けたとすると、１年間に１円くらい。

え⁉　そんだけ⁉

30年くらい前の１９８６年だと、年金利が７％ぐらいだったから、今の金利を０・１％だとすると70倍、１０００円につき年間70円くらいもらえたんだけどね。

70倍⁉　そんなに違うの⁉　なんで⁉

それはね、経済成長と関係しているからだよ。

ケイザイセイチョウ？

金利は経済成長によって変動する

領太は毎年、学校で身長や体重を測定して、身体の成長を測るよね？　それと同じよう

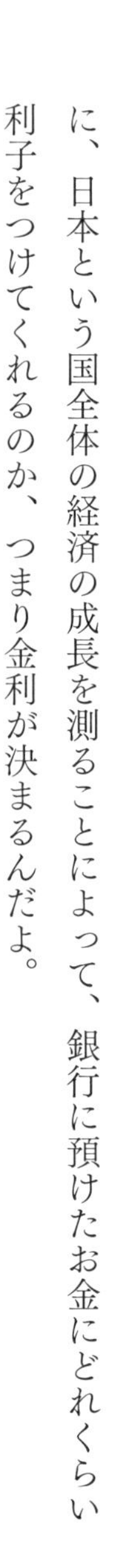
に、日本という国全体の経済の成長を測ることによって、銀行に預けたお金にどれくらい利子をつけてくれるのか、つまり金利が決まるんだよ。

経済を測るって……どういう意味？

経済とは、なんだっけ？

お金のやりくり。

そう。だから、「経済を測る」というのは、国全体のお金のやりくりを把握（はあく）するって意味だよ。

国全体のお金のやりくりって、毎年変わるの？

あぁ、すごく変わる年もあれば、あまり変わらない年もある。領太のおこづかいも変わるだろう？

ぼくのおこづかいは、成績によって変わるよ。テストで90点以上を10回連続で取ったら、500円アップしてくれるの。でも、そんなことは一度もないけどね。

経済成長によって金利が決まるシステムも、領太のそのテストととても似ているよ。国内で新しく生産されたモノやサービスによって儲けたお金（付加価値）の合計を出すと、国全体の経済力を測ることができるんだ。例えば、さっき話に出た1986年。

金利が今の70倍だった年？

そう。1000円で利子が70円ぐらいもらえた年。その頃は今と違って、パソコンなどのコンピューターはまだ家庭ではほとんど使われてなくて、会社などでようやく使われ始めた頃なんだ。急にみんながコンピューターを使いだしたから、コンピューターが売れに売れて、コンピューター会社の人は、「もっとコンピューターを製造して売りたいけど、工場が小さすぎて需要（ほしい）に追いつかない！」と困っていたんだよ。そんな時、もしも領太がコンピューター会社の社長さんだったらどうする？

えー!?　ぼくが社長!?　想像つかないなぁ。でも……この前、図工の時間に町の模型（もけい）を作

った時、一つの机だけじゃスペースが足りなくなったんだ。でも、班みんなの机を寄せて作ったら無事に完成できたから……たくさんのコンピューターを作るためには、工場を大きくすればいいんじゃないかな。

正解だよ！　領太。素晴らしい機転だね。領太の言う通り、工場を大きくすればたくさんのコンピューターが作れる。でも、工場を大きくするためには新たに建物を建設したり、必要な材料も集めなきゃいけないよね。手伝ってもらう従業員も増やさなきゃならない。ってことは、当然お金がかかる。

うん、それはぼくにもわかる。

だよね。お金を持っていないのに、どうしてもお金が必要な時はどうしたらいいと思う？

ママだったら……我慢しなさいって言う。

そうだね。でも、コンピューターを作る会社が我慢しちゃったら、作ってほしいと思っている人たちは困ってしまうよね。それにコンピューター会社もせっかくの儲けのチャンス

を逃してしまう。そんな時は、お金を借りるんだ。

お金を借りる⁉　誰に⁉

銀行はどうやってお金を儲けるのか？

銀行だよ。さっき少し話したけど、銀行はお金を預けるところでもあり、お金を貸してくれるところでもあるのさ。

ぼくにも貸してくれるの？

大人になって、必ず返せるという約束ができるならね。

１００円なら、借りてもすぐ返せる。

そうかもね。でも、借りたお金には利子がつくから、借りた分より少し多く返さなきゃいけないんだよ。

リシって、預けた人のお金を少し多くしてくれるあれ？

そう、その利子。預けた人はもらうことができるけど、借りた人は逆に、銀行に借りた分よりも多く返さなきゃいけないんだ。そうしないと、銀行はお金をあげるばかりで、従業員にお給料を払うこともできなくなっちゃうからね。

そうか、銀行も儲けを出さないとやっていけないものね。

その通りだよ。銀行にとっては、預金の利子と貸出の利子の差が儲けになるからね。銀行は、国全体のお金のやりくりを確認しながら、お金を預けてくれている人たちにいくらあげられるか、貸している人にいくら払ってもらうかの割合を決めるんだ。

じゃあ、「必ず返します」「利子も払います」って言えば、誰にでもお金を貸してくれるの？

いや、口約束じゃお金を借りられないんだ。例えば、家を買うために何千万円ものお金を

銀行から借りる場合は、何十年もかけて毎月少しずつ返すことになる。何千万円ものお金を一気に返せないからね。だから銀行は、借りた人が毎月の給料をいくらもらっているかなどを調べて、毎月ちゃんとお金を返してもらえるかを確認するんだよ。例えば、新しい会社を作るためのお金を貸し出す時は、その商売がどれくらい儲かるかとか、反社会的な勢力と関係がないかとか、さまざまなことを調べて、そのテストのようなものに合格した人だけにお金を貸し出すわけ。専門用語では、お金を貸すことを**「融資（ゆうし）」**というんだよ。

ふーん。そういえば前に、おばあちゃんから似たような話を聞いたことがあるなぁ。大昔の日本で、春に稲の種を借りた農民が、秋の収穫が終わったあと、お米を多めに返していたとかなんとか。

おおー！　そんな話をおばあちゃんが⁉　それが利子の始まりともいわれている昔話だよ。

でもさ、銀行のお金はもともとみんなの預金なのに、お金を企業に貸しているのは銀行ってことになるの？

そうだね。銀行のお金は、もともとは預金者のものだから、銀行が企業などにお金を貸し

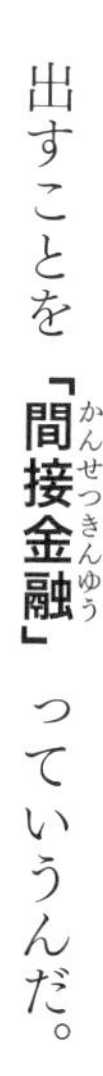
出すことを**「間接金融」**っていうんだ。

カンセツキンユウ？

「間接」とは、「何かと何かの間に入る」という意味だよ。

つなぎめってこと？

そうだな、つなぎめでもあるな。間接金融は銀行における「何かと何かの間」のつなぎめなんだ。何かと何かとは、なんだと思う？

これまでの話だと、預金者と企業が「何かと何か」ってことになるよね。預金者と企業の間に入って「つなぎめ」になるのが、銀行ってことじゃないかな。

そうだよ！　いいぞいいぞ。その通りだ！

ところで、銀行がもらう利子の割合の金利ってやつを決めたり、国全体のお金のやりくり

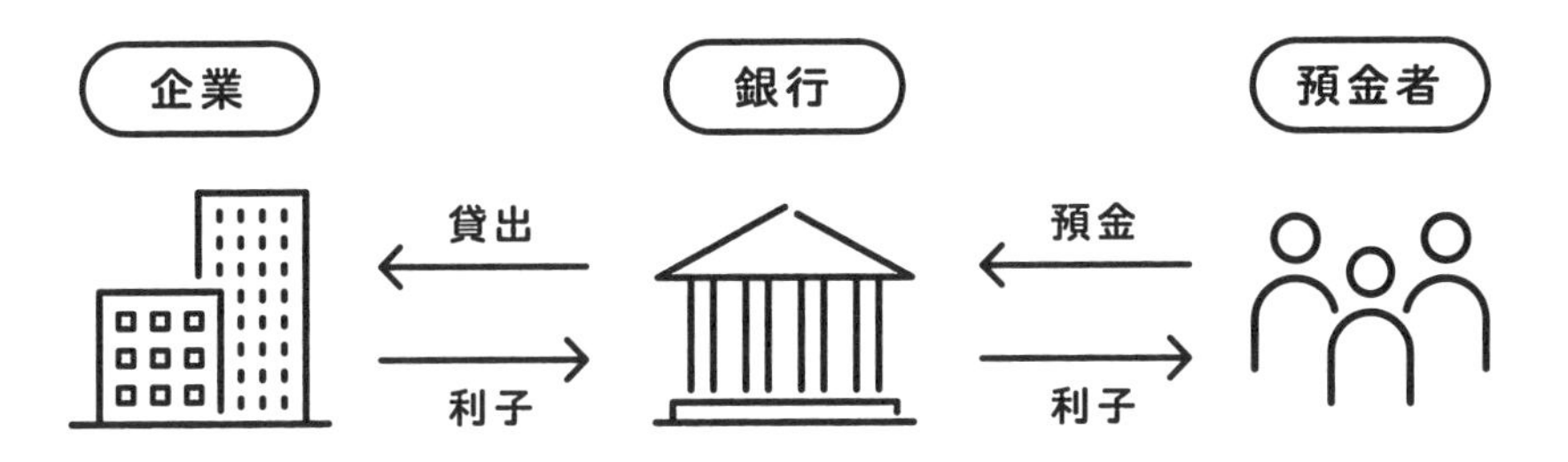
間接金融
企業
銀行
預金者
貸出
利子
預金
利子

を測るのは、どこの銀行がやるの？　じゃんけんとかで決めるの？

いい質問だね、領太。金利をどうやって決めるかというと、**日本銀行**（にっぽんぎんこう）が会議を開いて決めるんだ。日本銀行が決めた金利を指標あるいは参考にして、民間の銀行も金利を決めていくんだよ。

日本銀行？

そうだよ、**日銀**（にちぎん）と呼ばれている日本銀行は、お札を発行している銀行さ。

え!?　お札って、千円札とか五千円札とか一万円札とかのお札？

そのお札。小銭などの硬貨は、銀行とは別の造幣局（ぞうへいきょく）ってところが作ってるんだけどね。日本銀行は、一言でいうと「銀行のための銀行」なんだよ。

ん？　銀行のための銀行？　それって、どういうこと？

第5章 日本銀行ってなんだ？

日本銀行は銀行の親分

銀行のための銀行とは……。

あ、その前に！　一つ質問してもいい？　あのさ、おじいちゃん。そもそもおじいちゃんって大学の先生だったのに、どうしてそんなに銀行に詳しいの？

おじいちゃんがどうして銀行に詳しいかって？　聞いて驚くんじゃないよ。領太、おじいちゃんはその昔……銀行強盗だったんだ。

は？

あれ？　信じてない？

うん、それで？

それで？って……。もっと驚くでしょ、普通。

驚かないよ、だっておじいちゃんは優しいもん。人が困るようなことは絶対しないと思う。

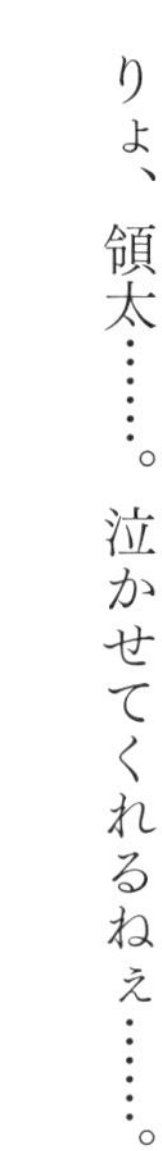

りょ、領太……。泣かせてくれるねぇ……。

それで？　本当の答えは？

実は、大学の先生になる前、うんと若い頃、銀行で働いていたんだよ。

え!?　マジ!?

マジマジ。大マジ。

それで銀行でどんな仕事してたの？

融資とか為替をやっていたんだ。そうだ、一つ面白い話がある。ある時、大きなリュックを重たそうに背負ってきたお客さんがいてね。

もしかして、その中身って……。

そう！　リュックの中身は全部お金！　1億円が入っていてびっくりしたよ。

い、1億円!?　そんなの持って歩いてる人いるの!?　どれくらい重いんだろう。想像もつかないや。

1万円札が1万枚だよ。重さにすると10キロ。高さが40センチ、幅が30センチで、奥行が10センチほどだよ。とにかく重かったのを覚えているよ。

その1億円は銀行の金庫に入れるんでしょ？　そんなお金持ちがたくさん来たら、銀行の金庫はすぐにいっぱいになっちゃうじゃん。

たしかに。昔は、1億円とか10億円とかを金庫に入れておくなんてことがあったんだけど、実際には、現金は今、銀行にはあまり置かないんだよ。

じゃあ、どこに置いとくの？

それも日本銀行さ。

日本銀行って、さっき言ってたお札を作っている銀行？

そうだよ。日本にたくさんの銀行があるけど、その親分みたいな存在が日本銀行なんだ。おじいちゃんも、その1億円を日本銀行に持って行ったんだよ。まぁ、昔の話はさておき、日本銀行には三つの役割があるということを話しておこう。

日本銀行の役割その① お札を刷る

お札の正式名称は**「日本銀行券」**というのだよ。

日本銀行券？ なんだかボードゲームのチケットみたいだね。

たしかに、そうとも考えられるが、勝手にコピーしたり似たものを刷ったりしたら逮捕されちゃうんだぞ。

逮捕!? お札をコピーするのは犯罪ってこと？

あぁ、そうさ。「通貨偽造罪」という重い罪で、コピー機によっては、コピーした瞬間に警報器が鳴って警察が駆けつけることもあるんだ。

こわっ。でもさ、おばあちゃんが見てる時代劇に出てくるお金は、お札じゃなくて小判とか銀色の小銭みたいなお金だよ。コピーしただけで逮捕されちゃうなら、簡単にコピーできちゃう紙のお金じゃなくて、小判とかにすればいいのに。

なるほど。小判なら簡単にマネすることはできないかもしれないね。でも、実は紙のお金も簡単にマネできない技術によって作られているんだよ。

どういうこと？

手に取って見るだけではわからない「透かし」という技術が使われているんだ。

スカシ？

そう。光に当てることで現れる絵や模様のことだよ。紙の厚さを部分的に薄くしたり厚くしたりして、シャープで立体感のある絵や模様を表現する技術。そして、透かしの部分はどんなに高性能なコピー機でコピーしても写すことはできないんだ。それによって本物かどうかすぐに見分けられるんだよ。海外のお札にも透かしの技術は使われているけど、伝統技術に優れた日本の透かしは、世界でもトップクラスらしい。

そうなんだ。お札ってただの紙でできてるわけじゃないんだね。

うんうん、そうだよ。たくさんの人が知恵を出し合って作ってきたんだ。ちなみに、日本銀行が初めて透かしの入ったお札を刷ったのは、1885年に発行された十円券。

十円券⁉　そんなのあったの⁉

あぁ、当時は五円券、一円券なんてのもあって、一円より小さい額の十銭券や五銭券なんてものもあったんだ。お札を刷る技術は時代と共に改良され続け、明治時代には紙の強度を増すために「こんにゃく粉」を混ぜてお札を作ったなんてこともあったそうだ。ただ、ネズミがお札を食べてしまう事件があり、こんにゃく粉は使われなくなったけどね。

へぇ〜。昔の人はたくさん苦労してお札を作ってきたんだね。

ここで領太に質問。1882年に業務がスタートした日本銀行だが、お金を刷る役割を担うようになったのはなぜでしょう？

え⁉　なぜ日本銀行がお金を刷るようになったかって⁉　そりゃー、銀行のボスみたいな

存在だから……じゃなくて？

あながち間違いではないが、お金を刷る役割となったきっかけは……戦争さ。

戦争⁉

そうなんだ。1877年に西南戦争という戦いが日本で起きたんだよ。西郷隆盛って知ってるかい？　薩摩藩（さつまはん）の武士で、薩摩のリーダーともいえる人。今で言う政治家ってところかな。薩摩のリーダーである西郷隆盛と明治政府の間で戦いが起き、政府はその戦争に勝つためにお金を刷りたい放題刷ったんだ。政府ってわかるかい？　国をまとめる権限を持つ人々の集団や場所のことだよ。

え⁉　そんな偉そうな集団が好きなだけお金を刷ったってこと⁉　それって犯罪じゃん！

そう。今なら重い罪になるよね。でも当時はまだそういったルールがなかったんだ。だから、なんとかして戦争に勝つためにお金をたくさん刷ったわけ。でもそのあと、そんなことが起きないよう日本銀行券（すなわちお札）をいつ発行するかは日本銀行が決定し、何枚刷ったかもしっかり管理され、勝手に刷ったり持ち出したりすることができないような仕組みを作ったんだよ。

そっか。そんな昔にきちんとした決めごとができたんだね。じゃあ、日本銀行の二つ目の役割もお札に関わること？

日本銀行の役割その② 銀行のための銀行

二つ目の役割は、日本銀行は**「銀行のための銀行」**であるということだよ。

銀行のための銀行？ 銀行が銀行の預金口座を作る……とか？

おっ！ 領太はするどいね。さっき、おじいちゃんが話したように、民間の銀行に置ききれなくなったお金を日本銀行に預けるんだ。

ミンカン？……民間の銀行って？

民間とは、モノやサービスなどを提供してお金を得る組織や会社のこと。例えば、お巡りさんに道を聞いてもお金を取られないよね？　それは、お巡りさんは民間の仕事ではなく、「国や地方公共団体の職員」として働いている人だからなんだ。そういう人を**「公務員」**と呼ぶんだけど、聞いたことあるかい？

ある！　学校の先生は公務員だってママが言ってた。

その通り。公立の学校の先生は、塾や習い事の講師と違って、教育サービスを提供してお金を得ている職業ではないからね。ここまでわかったかい？

うん、お金を預かったり貸したりするサービスを提供している民間の銀行の金庫がいっぱいになっちゃったら、日本銀行にお金を預けるってことだよね？　そもそも日本銀行は民間の銀行じゃないってこと？

そう。日本銀行は民間の銀行ではないんだ。だから、領太や領太のパパやママのように、一般の人が日本銀行にお金を預けることはできないんだよ。日本銀行の三つ目の役割でも話すけど、日本銀行はあくまでも「銀行のための銀行」であって、日本銀行に民間の銀行

のお金を預ける時は、**「当座預金（とうざよきん）」**という口座に預けることになってるのさ。

トツザヨキン？

当座預金とは、利子がつかない口座のことだよ。

利子って、お金を預けると追加して多くもらえて、お金を借りると追加して多く返さなきゃいけないお金のことだったよね。

ブラボー！　よく覚えてたね領太。民間の銀行が日本銀行に預けたお金は利子がつかないから、民間の銀行が「持って帰ります」と言えば、いつでも元の銀行に戻すことができるんだ。

なるほど。だから、銀行のための銀行なんだね。

日本銀行の役割その③　政府のための銀行

そして最後の三つ目は、**「政府のための銀行」**という役割だよ。

さっき、おじいちゃんが話していたことだね。日本銀行は民間の銀行じゃないって話。

あぁ、そうだよ。日本銀行はね、銀行のための銀行でもあり、政府が持っているお金を預かる銀行でもあるんだ。

政府が持っているお金って？　例えばどんなお金？

いわゆる一つの**「税金（ぜいきん）」**ってやつ。国民の誰もが国とか地方とかに払わなきゃいけないお金。

ゼイキン？

税金とは、国や地方公共団体が、必要な経費をまかなうために国民から集めるお金のこと

だよ。消費税とか、所得税とか、いろいろな種類の税金があるんだ。

集めて何に使うの？

例えば、道路や橋、港、ダム、河川の整備などの公共事業。あとは、学校の先生やお巡りさんなど公務員の人たちのお給料としても税金を使うわけ。年金や医療費などの社会保障も税金の大きな使い道だね。そんな国民全員で使うお金を、政府が日本銀行に口座を開いて預けるんだよ。

すっごっ！　日本銀行すっごっ！　どんだけ大きな金庫があるんだろう。

ほんとだね。ヤバいね。

おじいちゃん、「ヤバい」とか若者言葉使うのやめなってば。ぜんぜん似合わないよ。

そんなこと言うなよぉ、おじいちゃんの見た目はこんなんだけど、心は領太と同じくらい若いんだ。おじいちゃんの魂（たましい）は、ピッチピチなんだぞ。

わかったわかった。おまけに、日本銀行の三つの役割もよくわかったよ。

それは何よりだ。領太は本当に教え甲斐（がい）があるよ。おまけの話だけど、日本銀行は今話した三つの大事な役割を果たしながら、景気についても考えているんだよ。

ケーキ？　イチゴケーキ？　チーズケーキ？　チョコレートケーキ？

残念ながらそのケーキじゃなくて、お金に関わる景気。景気とは、「世の中の活気（かっき）」みたいなこと。ま、景気についてはまた明日話すとしよう。それより領太、例のあれ、どうだい？

例のあれ？　あ！　もしかしてお風呂！

ビンゴ！　風呂に入って一杯ひっかけようじゃないか。

いいね！　そんでもってお風呂上がりには……？

アイスキャンデー！

おじいちゃん、「キャンデー」じゃなくて「キャンディー」ね。さっきまで若者言葉を使ってたのに、急におじいちゃんに戻っちゃったじゃん。

……。

おじいちゃん？　あれ？　おじいちゃんどこ？　傷ついたからっていちいち消えないでよ！

第6章

景気ってなんだ？

景色を見た時の気持ち

おじいちゃん、最初に言っておくけど、急に消えたりしないでね。

だって……それは領太が……。

ぼくが何？

キツいこと言うんだもん。

なんだか今日は女の子みたいなしゃべり方だね。

領太、女の子みたいとか、男の子みたいとか、あの世ではそういうの関係ないんだよ。

え？　そうなの？　「ジェンダーレス」ってやつ？

ジェ……？

知らないの？　一言でいうと、男女の区別がないって意味だよ。

それそれ、それだよ。けど、最近カリナちゃんとしゃべってるから、しゃべり方が移っちゃったのかも。

カリナ……ちゃん？　誰それ。もしかして、おじいちゃんのコレ？

領太、小指を立てるのをやめなさい。カリナちゃんは、そんなんじゃないよ。生前のカリナちゃんは光秀という名前だったらしいけど、こっちの世界に来てからカリナに改名したそうで。

ミツヒデ？　なんだか貫禄（かんろく）ある名前だね。なんにせよ、死んでから本来の自分が目を覚ましたってわけだね。

その通り。生前はかなり責任ある立場だったゆえ、本当の自分をさらけ出せなくてつらかったそうだ。彼女が生きていた時代は、ジェンダーレスという言葉もなかったしね。

そっか、いろんな幽霊がいるんだね。

幽霊、幽霊、言うな！　好きで幽霊になってるわけじゃないぞ！

そんなに興奮しないでよ。前にも言ったけど、ぼくはおじいちゃんに会えてうれしいんだ。たとえ幽霊でも、こうして毎日会えることは、ぼくの楽しみなんだよ。

領太……。おじいちゃん、うれしくて涙が出ちゃう。

おじいちゃん、またカリナちゃんのしゃべり方になってるよ。あ、そんなことより、パパとママが仕事から帰ってくる前に、ケーキの話をしてもらわなきゃ。

ケーキ？　イチゴケーキ？　チーズケーキ？　チョコレートケーキ？

そうじゃなくて！　お金に関わるケーキでしょ。「世の中の活気」みたいなケーキの話。

あ、そっちのケーキね。漢字で書くと**「景気（けいき）」**と書くんだけど、字のごとく景気とは「景色を見た時の気持ち」のことだよ。

景色を見た時の気持ち？　お金に関わる景色？　どういうこと？

景色を見て「きれいだな、気持ちがいいな」って思うこともあれば、「あんまり、きれいじゃないな。気分悪いな」って思うこともあるだろう？　本来、景気とは「ものごとの様子」って意味なんだけど、それがいつの間にか経済の状況に使われるようになったんだ。景気が良いとか、景気が悪いとか。

経済の状況？

そう。簡単にいえば、お金が儲かっているか儲かってないかということを、「景気が良い・悪い」という言い方で表現するんだ。あれはそう、領太がまだ赤ちゃんだった2012年の12月。その頃から景気が良くなりだしてねぇ、2017年くらいまで続いたんじゃないかな。

ぼくが生まれた時のことも、おじいちゃんは知ってるの？

もちろんだ。玉のようなかわいい赤ちゃんだったよ。おじいちゃんが死んだあとも、姿は見せてないけど、ずっと領太を見守ってきたんだ。

おじいちゃん……ぼくも涙が出ちゃう。

そうかそうか、そんなふうに言ってくれてうれしいねぇ。よし、おじいちゃんは知っているすべてのことを死ぬ気で領太に教えるぞ！

もう死んでるけどね。

……。

ごめんごめん。言葉に気をつけるから、半透明にならないで。

わかれば良い。それでは先へ進もう。

そもそも、「景気」ってどこの景色？　どこかの会社の状況？

世の中全体の景色だよ。例えば１９６４年。おじいちゃんが今の領太と同じくらいの年の頃、日本で初めてオリンピックが開催されたんだ。その頃は、一般家庭にあるテレビはまだ白黒で、一家に1台あるのが当たり前じゃなかったんだよ。テレビ画面に人が映し出されるのを見て、「テレビの中に小さな人がいる！」なんて大騒ぎする人もいたりしてさ。東京オリンピックという大きなイベントが開催されたことによって、色のついたカラーテレビなどが売り出され、経済の景色（すなわち景気）は一気に良くなったんだ。

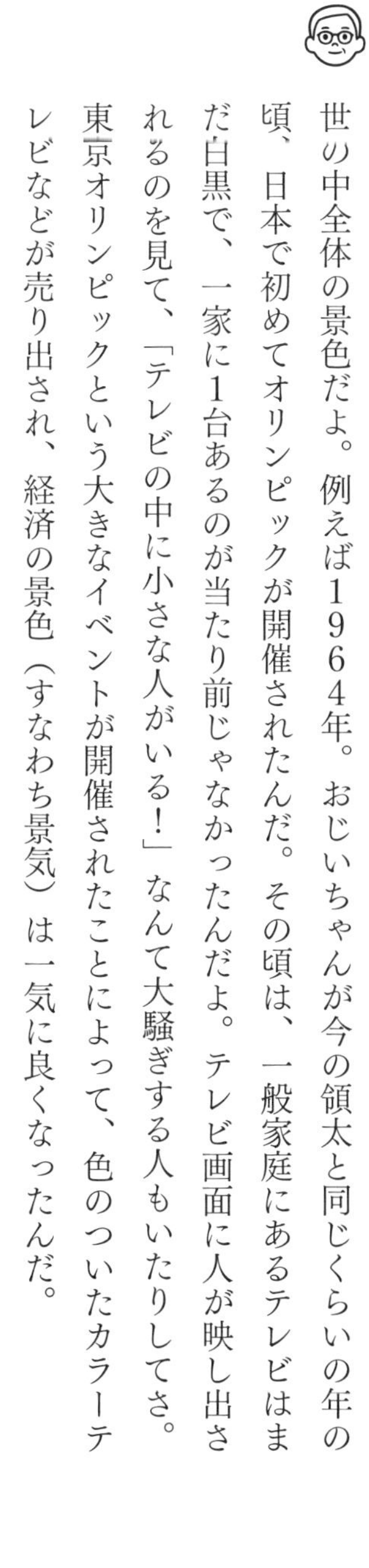

大きなイベントがあると、景気は良くなるってこと？

そうだね、オリンピックのように大きなイベントがある前は、そのイベントを成功させるためにいろいろな会社が新しいものを作ったんだ。例えば、車がいっぱい走れるように高速道路ができたり、人々が速やかに移動できるよう新幹線が走り始めたり、さっき話したようにカラーテレビができたりして、経済がどんどん成長したんだよ。ちなみに、カラーテレビとクーラーと自動車のことは**「新・三種(さんしゅ)の神器(じんぎ)」**と呼ばれ、人々にとっての豊かさや憧れの象徴だったのさ。

経済が成長するって、どういう意味？

お金が大きく動いたってこと。道路を作る会社や電化製品を作る会社をはじめ、今までなかったモノを作るためにたくさんの会社がお金をたくさん使い、そしてたくさん売り、お金が大きく動くと共にいっぱい儲けたんだ。たくさんの会社が儲かったことで、社員の給料が増えたり、さらに新しい商品を生み出してもっと儲かったり、そうして日本全体が活気のある景色になったってわけ。景気が良いことを略して**「好景気(こうけいき)」**と言い、景気が悪いことを**「不景気(ふけいき)」**と言うんだが、好景気っていうのは、人々の生活が楽しく豊かになるって意味なんだよ。

1964年10月に東京オリンピックが初開催されることにともなって、東海道新幹線や首都高速道路などのインフラをはじめ建設需要が高まった。

写真：毎日新聞社／アフロ

そっか。「景気が良い」っていうのは、人々の生活が楽しく豊かになるって意味なんだね。なんだか、お寿司屋さんみたい。お寿司屋さんに入ると、「へい！　らっしゃい！」って元気よく声をかけてくれるあの活気みたいだね。

いいこと言うねぇ、領太。本当にそうだね。景気が良い時の日本は「へい！　らっしゃい！」って感じがするね。

でもさ、逆に「景気が悪い」状態って、どうなっちゃうの？　活気がない景色ってこと？

その通り。景気が悪い時は、まさに活気がない景色。例えると……。

墓場みたいな暗い景色って感じ？　どんよりしてて、火の玉が飛んでそうなオドロオドロしいあの景色？　ねぇ、どうなの？　おじいちゃんがいつもいるところみたいな感じなの？

……。

あれ？　ぼく、また傷つくこと言っちゃった？

セーフだ。

あ、いた。今、一瞬消えたでしょ。

消えとらん。おばあちゃんが領太のご飯を作ってるから、ちょっくら姿を見に行ってただけだ。

うわっ、のぞき？　ストーカー？

スト……？　スカ……？　そうだ、カリナちゃんに返さなきゃいけないスカートがあったんだ！　すぐに帰らねば！

え!?　戻っちゃうの？　ってゆーか、おじいちゃん……あっちの世界ではスカートはいてるの？　想像つかないや……。

想像しなくてよい。向こうでは誰もが魂をさらけ出し、ありのままの自分で過ごしているのだ。とにかくすぐ戻るから、領太は「GDP」について調べておくがよい。

ジーディーピー？　何それ⁉　調べるって、どうやって⁉

ネットを見ろ！　ネットを！

え⁉　さっきまでカラーテレビもクーラーもない時代の話をしてた人がネットって……。あ、もう薄くなってる！　ちょっと、待ってよ！

GDPは儲けの総額

あのさー、おじいちゃん、すぐ戻るって言ったよね？　今、何時だと思ってるの⁉

めんごめんご。死んでから時間の感覚が変わってしまってね……。なんせ、1日のすべてが自由時間だからさ。

ほら、時計見て！　もう寝る時間だよ！　お風呂だって今日はぼく一人で入ったし、さみしかったよ。

ごめんってばぁ。明日は必ず一緒にお風呂に入るから、許してちょ。

ねぇ、そのしゃべり方、どうにかならない？　おじいちゃんじゃないみたいだよ。

あらそう？　じゃあ、気をつけるわ。おわびにこれを……。

いらない。どうせイカの死体でしょ。

イカの死体って……殺人事件じゃないんだから。

寝る前に生臭いもの持ってこないでよ。それより、ジーディーピーってなんなの？

よし、今日は修学旅行の気分で、領太と枕を並べながら経済の話をするとしよう。

横になって話すのはいいけど、仰向（あおむ）けで手を組まないで。ただでさえ青白い顔なのに、余計に幽霊っぽさが出るから。

……。

ごめーん！　もう傷つけるようなことは言わないからさ！　戻ってこーい！

そういうことなら、よし、眠くなる前にＧＤＰの話をするとしよう。領太が大人になった時、経済のあれこれを知っておけば、きっと役に立つからね。

よろしく。

では早速。**ＧＤＰ**というのは、「Gross（グロス＝全部の）Domestic（ドメスティック＝国内の）Product（プロダクト＝作ったもの）」の略なんだ。ＧＤＰを日本語で言うと、**「国内総生産（こくないそうせいさん）」**という意味なんだよ。

国内ソウセイサン？

そう。国内で生産されたモノやサービスによって、一定の期間内にどれだけの**「儲け」**が生み出されたか、その総額を表すのがＧＤＰなんだよ。領太、儲けってわかるかい？

商売してる人が「儲かった！」とか「儲からなかった！」とか言うあの儲けでしょ？

そう。儲けをより正確な用語で表すと**「付加価値」**と言うんだけど、そうそう、この前おじいちゃんが領太に新鮮なイカをあげると言ったら、領太はこう言ったよね？「できたら干してジャーキーにしてからくれるとありがたいな。なんなら、完成したジャーキーを売って、儲けたお金をぼくにちょうだいよ」って。

あー、そんなこと言ったね。

例えば、領太がおじいちゃんから50円でイカを買ったとして、そのイカを使ってスルメジャーキーを作り１００円で売ったら、儲けはいくら？

は？　なんでぼくのスルメジャーキーを盗んだおじいちゃんからイカを買わなきゃいけないのさ。

例えばだよ、例えば。

えっと、50円で買ったものが倍の１００円になるわけだから、儲けは50円。

正解。けど、実際には丸々50円儲かるわけじゃなく、イカを干すために網（あみ）を買わなきゃいけなかったり、雨の日でも干せるように乾燥機も必要かもしれない。そうした必要経費が、ジャーキー1枚作るにあたって30円かかったとすると、仕入れた50円と30円を合わせて80円。それが１００円で売れたら？

儲けは、20円ってこと？

そういうこと。そういった儲け、つまり、付加価値が国内でどれだけ出たかを表すのがＧＤＰってわけさ。

ＧＤＰによって何がわかるの？

ＧＤＰは一定期間に国内で生産された儲けの総額って言ったよね。つまり、ＧＤＰという指標によって、その国の経済状況の良し悪しを知ることができるんだよ。

その国の経済力が今どの程度なのかがわかるってことだね。

そうだね。ちなみに、日本にいる外国人が出した儲けもＧＤＰに含まれるよ。日本にいる人なら、国籍は問わないんだ。それと、昔はＧＤＰではなく**「GNP」**という指標を使っていたんだよ。

ジーエヌピー？

「Gross（グロス＝全部の）National（ナショナル＝国の）Product（プロダクト＝作ったもの）」の略で、日本語で言うと、**「国民総生産（こくみんそうせいさん）」**。日本人によって生産されたモノやサービスの儲けをＧＮＰと言っていたんだ。昔は日本人は日本だけで仕事をして経済を動かしていたからね。でも、グローバル化で状況が変わったんだよ。

グローバル化？

グローバル化というのは、日本人が海外で働くようになったということ。また、同様に海外の人も日本で働くようになってきたということだよ。マイク君のパパみたいにね。つまり、国境に関係なく人々が働くようになり、ビジネスが展開されるようになったのさ。となると、国籍ではなく、その国で働いている人々が、その国の経済力を測る上で重要な要素になる。だから、ＧＤＰが中心の指標になってきたんだよ。

そうか。日本も海外も含めて、地球規模で経済は動くってことだね。ＧＤＰってなんだか世界各国の通信簿みたいだね。

領太は面白いことを言うね。一つのことをさまざまな角度から見る力は、領太の強みだとおじいちゃんは思うよ。

ありがとう。おじいちゃんに教えてもらったことを、大人になるまで忘れないよう書きとめておく『経済ノート』を作ろうかな。

それは名案だよ、領太！　領太の役に立つために、ワシもがんばって毎日出てくるぞ。

がんばるって？　おじいちゃんがぼくの前に出てくるためには、何かをがんばらないと出てこられないの？

いや、それについてはいいんだ。領太に会うためなら、どんな苦労もいとわないという意味だよ。

そっか！

それより領太、日本銀行のことも景気のことも勉強したから、その二つが関わる話をしようじゃないか。

日本銀行と景気が関わる話？

日本銀行は景気をコントロールしている

実はね、日本銀行は**物価**（ぶっか）を安定させる仕事もしているんだ。物価ってわかるかい？

モノの値段のこと？

ビンゴ。モノといっても、形あるモノだけでなく、サービスの値段も含まれるんだよ。

形あるモノ？　サービスの値段？

形あるモノとは、スマホとか車とか家とか、「さわれるもの」ってことね。サービスとは、アプリとかオンライン授業とか、手で「さわれないもの」。これら全部のモノの値段を「物価」と言うんだ。

そうなんだ。それで？　物価を安定させるってどういうこと？

例えば、毎日領太と一緒に食べるアイスキャンデーが、昨日は１００円だったけど、今日

は500円もしてたらどうする？

困る。ママがアイスを買ってくれる日と買ってくれない日があるってことになっちゃう。

そうだね。毎日モノの値段が変わってしまったら、安心して買い物ができないよね。物価が安定しないと消費も安定しない。その結果、国全体の景気も上がったり下がったりして安定しなくなってしまう。そんなことにならないよう、国全体の**物価を安定させる**必要があるよね。言い方を変えると、**「景気をコントロールする役割」**ってところかな。

日本銀行は、お札を刷ることと、銀行のための銀行ってことと、政府のための銀行という三つの役割の他に、国全体の物価を安定させることもお仕事ってこと？

素晴らしい！　領太の記憶力はスポンジのようにどんどん吸収できるんだな。そうだよ、その三つの役割の他に、物価を安定させ、景気をコントロールする重要な役割も日本銀行は背負っているのさ。もしも、どこもかしこも商品が売れまくって儲かっていたら、「値段を高くしてもみんな買う」とさまざまな会社は判断して物価が上がっていくよね。今まで1本100円で買えていたジュースが、1本200円で売られることが当たり前になる

かもしれない。また値段が上がっていけばいくほど、人は安いうちに早く手に入れようとするんだ。必要以上に買いだめをしようとする人も出てくるかもしれないね。そうやって商品がたくさん売れると、だんだん生産が追いつかなくなってきてしまう。つまり、本来の需要と供給のバランスが崩れてしまうわけ。そんなことが続いたら、いつの日かジュース1本1000円なんてことも当たり前になってしまうかも。そんなふうに値段が急上昇して、需要と供給のバランスがチグハグになってしまわないようにするためにも、景気をコントロールする必要があるんだ。

「ほしい」と「与える」のバランスってことだね。でもさ、国全体の物価を安定させるなんて、本当にできるの？　どうやってコントロールしてるの？

景気をコントロールするためには、まず、国全体にどれくらいお金が出回っているかを把握するんだ。

お金の量ってこと？

そんな感じだね。さまざまなデータによって国全体のお金の量を知ることで、日本銀行はお札を刷る量をコントロールするわけ。国全体にお金が多く出回っていたら（景気が良かったら）、去年より少なく刷り、お金が少なかったら（景気が良くなかったら）多く刷るといった感じで調整するんだよ。

じゃあ、お札を刷る枚数って毎年違うの？

そういうこと。あとは、金利の調整もするよ。例えば、ある会社が「新しい商品を作りたいからお金を貸してください」と銀行にお願いしたとする。そういった時に、国全体の景気が下がっていたら金利を下げるんだ。金利は覚えてるかい？

うん。借り手から貸し手に支払われる、もしくは貸し手が借り手からもらう利子の元金に対する割合だったよね。

そうだよ。その利子を高くしたり低くしたりすることでも、景気をコントロールすることができるんだ。国全体のお金の量が少ない時は、金利を低くして、みんながお金を借りやすくする。そうすると新しい商品を作ったり、大きな工場を建てることもできて、お金が世の中に出回る。そして景気が良くなってきたら、物価が上がりすぎないよう今度は金利

を上げて借りにくくする。そんなふうにコントロールしながら物価を安定させると、経済も安定的に成長するという仕組みさ。ちなみに、その仕組みを**「金融政策（きんゆうせいさく）」**と呼ぶんだよ。

キンユウセイサク……。

おっ、早速ノートに書き込んでいるようだね。

うん、運動会で一等を取った時に景品でもらったノートがあったんだけど、使い道がなかったんだ。ちょうどいいから、おじいちゃんに教えてもらったことを書いておくノートにしようと思って。

いいねいいね。じゃあ、ノートの表紙のタイトルは『おじい先生の経済ノート』にするといい。

それいいね！　表紙にそう書くよ。

よし、今日の授業はここまでにして、ゆっくり寝るとしよう。

わーい、おじいちゃんと一緒に寝られるんだね。

あっちの世界には門限があるから、朝まで一緒にいることはできないが、寝坊しないでちゃんと学校へ行くんだよ、領太。

はーい。おじいちゃん、おやすみ。

おやすみ、ワシの宝物の領太。

第7章

インフレ・デフレってなんだ？

物価が上がること、下がること

ちちんぷいぷい、痛いの痛いの飛んでいけ〜。

急にどうしたの？　おじいちゃん。どこか痛いの？

そうなんだ……。最近腰が痛くてのぉ。血も神経もないはずなのだが、記憶の痛みっていうのかねぇ。それで、最近あっちの世界で友達になった医者に相談してみたら、言葉の痛み止めが効果あるというもんで。

言葉の痛み止め？

そう。昔は、病気や天災に対抗する科学的手段がなかったから、言葉の痛み止めである「おまじない」に頼るしかなかったそうなんだ。

科学的手段？

例えば、ケガをして痛い思いをしても、麻酔(ますい)がないってことだよ。

え⁉　そうなの⁉　手術する時も⁉　想像しただけであっちこっち痛くなりそう。

ほんとだね。だから、おまじないで痛みを取るしかなかったらしい。

へぇ〜、そんな時代に生まれなくてよかったよ。でも、そのお友達はずいぶん昔のことに詳しいんだね。

そりゃそうさ。彼は江戸時代の医者だから。

江戸時代⁉　何百年も経つのに、まだ成仏(じょうぶつ)できてないの⁉

言われてみれば……たしかに。ワシもそんなに長く成仏できなかったらどうしよう……。

おじいちゃんはいいの！　成仏できなくていいの！　ずっとぼくと一緒にいて！

領太……。ワシもずっと領太と一緒にいたいよ。かわいい領太よ、どこか痛いところはないかい？　おじいちゃんがおまじないをかけてあげよう。

急に言われてもなぁ……。風邪をひいた時とかは、おまじないよりおいしいものを食べる方が元気になるかも。

おいしいもの？

うん、焼肉とか寿司とかね。

ずいぶん高い薬になりそうだ。そうそう、焼肉といえば、デフレの影響で最近はずいぶんと肉が安くなったそうだね。

デフレ？

おや？　そういえば、まだ**インフレ・デフレ**の話を領太にしてなかったね。

インフレ？　デフレ？　初めて聞いたよ。

よし、じゃあ今日はインフレ・デフレの授業をするとしよう。では領太、一つおさらいだ。物価とはなんだっけ？

そんなの簡単だよ。モノの値段のことでしょ。

その通り。もう少し詳しく説明すると？

えーっと、形あるモノだけじゃなくて、手でさわることのできないサービスの値段も含まれるのが物価。

パーフェクト！　そうだね。スマホとか車とか家とか、「さわれるもの」の値段と、アプリとかオンライン授業とか、手で「さわれないもの」などのサービスの値段を「物価」と言うんだったね。よしよし、それだけ理解していればインフレとデフレを理解するのは難しくないよ。インフレとは**「物価が上がり続ける状態」**のことで、逆に**「物価が下がり続ける状態」**のことをデフレというんだ。インフレの正式名称は**「インフレーション」**と言い、デフレの正式名称は**「デフレーション」**と言うんだよ。

ということは、焼肉屋さんの肉が安くなったのは、デフレの影響ってこと？

その可能性はあるね。デフレになると、さまざまな物価が下がってモノを安く買うことができるんだ。

それって最高じゃん！

いや、それがそうでもないんだよ。

どういうこと？

物価が下がるのはいいこと？

例えば、カルビの値段で考えてみよう。今月はカルビが一皿1000円だとするぞ。それが来月は900円、再来月は800円と値下げされるとしたら、うれしいかい？

うれしいに決まってるよ！　ぼくが払うわけじゃないけど、安ければ焼肉屋にたくさん連れて行ってもらえるじゃん。

なるほど。領太はうれしいかもしれないけれど、焼肉屋さんの店長はどうかな？

店長さんも、安いから注文が増えて、うれしいんじゃないかな。

たしかに、安いと注文が増えるかもしれない。けど、もしも注文される量が変わらなかったらどうかな？

注文の数は変わらないのに、焼肉の価格が下がれば……お店の売上は減るってこと？

そうだね。お店の売上が減ると、店長の給料も、従業員の給料も、アルバイトのバイト代もいずれは減らさざるを得なくなる。

言われてみれば……そうだね。

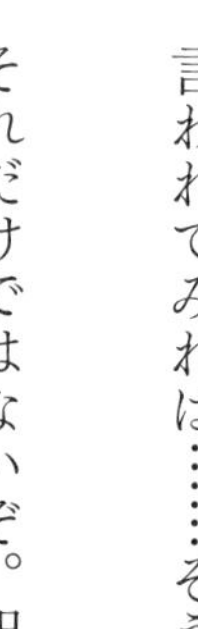

それだけではないぞ。駅前の焼肉屋の店長は、いつも仕事が終わったあとに料理人仲間が集まる居酒屋でお酒を飲むのを楽しみにしていたのだけど、売上が下がったことによって、居酒屋には寄らずにまっすぐ家に帰ることにしたそうだ。

なんだかかわいそうだね……。仕事のあとに仲間と一杯やるのを楽しみにしていたのに……。

ほんとだね。そして、ここからが問題なんだ。毎日寄ってくれていた焼肉屋の店長が来なくなったことで、他の料理人仲間も寄りつかなくなってしまった居酒屋は、店の料理を値下げすることにしたんだよ。今までの値段では、お客がどんどん減ってしまうと思ったんだね。けれど、売上は下がるばかりで、居酒屋の店主もお金に余裕がなくなり、それまで

仕事帰りに寄っていたスーパー銭湯に行くのをやめたんだ。すると今度は、スーパー銭湯の社長は……。

おじいちゃんさ。話が長いよ。そういうふうにみんながどんどん値段を下げたら、どうなっちゃうの？

物価が下がることを「デフレ」と言うと教えたよね？ デフレになって安い金額で商品を買えるようになるのは、ありがたいことかもしれない。でも、モノが安いということは、売れないから安くしていることと同じで、会社の売上・利益は少なくなる。だから会社は社員の給料を下げたり、ボーナスをカットするなど人件費を減らすようになってしまうんだ。

マジで⁉ それは超ヤバいじゃん。だってさ、例えばパパのお給料が減ったとしたら、ぼくのおこづかいも減っちゃうってことでしょう？

その通り。それだけじゃないよ。会社は人件費を削減するから、新しい人を雇わなくなる。だから、就職したいと思っている人がいても、就職することが難しくなってしまう。

え⁉　デフレが続いたら、就職できない人が増えちゃうってこと？

そういうこと。このような連鎖的な（ずるずるつながるような）動きを**「デフレスパイラル」**と言うんだよ。そうならないために、日本銀行は物価を安定させているのさ。

じゃあ、デフレの逆のインフレは？　物価が上がり続ける方がいいの？

チョコレートが1個100万円⁉

領太、景気の話をした時に、日本銀行は景気をコントロールする重要な役割を背負っていると話したよね。もしも、どこもかしこも商品が売れまくって儲かっていたら、「値段を高くしてもみんな買う」とさまざまな会社は判断して、物価が上がってしまう。今まで1本100円で買えていたジュースが、1本200円で売られることが当たり前になってしまう。そんなことが続いたら、いつの日かジュース1本1000円なんてことも普通になってしまうかもしれないって話。

デフレスパイラル

あぁ、需要と供給のバランスがチグハグにならないためにも、景気をコントロールする必要があるって言ってたよね。

その通り。デフレスパイラルになることも恐ろしいけど、インフレが続くこともいいことだけではないんだ。ジュース１本１０００円なんて、とんでもなくインフレ率が高くなることを**「ハイパーインフレ」**と言うんだよ。

ハイパーインフレ？

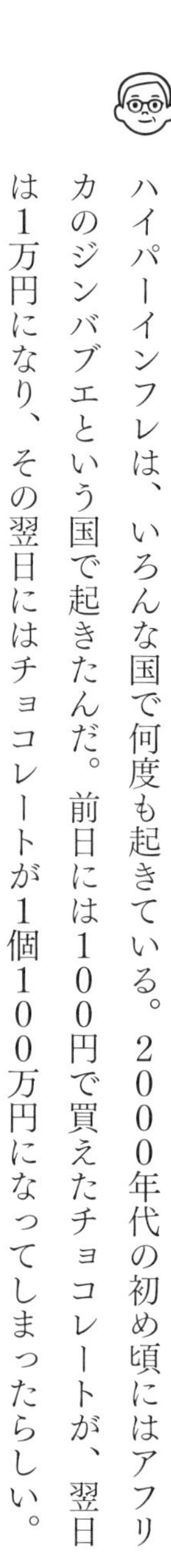

ハイパーインフレは、いろんな国で何度も起きている。２０００年代の初め頃にはアフリカのジンバブエという国で起きたんだ。前日には１００円で買えたチョコレートが、翌日は１万円になり、その翌日にはチョコレートが１個１００万円になってしまったらしい。このように、とんでもないスピードで価格が上がることをハイパーインフレって言うんだよ。

１００円のチョコが１００万円になるなんて、むちゃくちゃだね。

公式統計でジンバブエ・ドルのインフレ率は2億3000万%とされる。ハイパーインフレの影響で価値を失ったジンバブエ・ドルは発行が停止され、2015年廃止された。

写真：AP／アフロ

あぁ、むちゃくちゃだね。その頃のジンバブエでは、みんなが大量の札束を持って買い物に行ったんだって。でもスーパーで買い物をカゴに入れている数分の間に価格が上がってしまう。そして支払いをする時には、またさらに価格が上がっているという悲惨（ひさん）な状況になったんだ。

そんなことが本当に起こったの⁉　信じられないや。お金がいくらあっても足りなそう。

ほんと、たまったもんじゃないね。インフレとは、モノの値段が上がり続ける状態のことだけど、言い換えると**「お金の価値が下がり続ける」**ことになるんだ。例えば、１００円で買えていたジュースが２００円になった場合、同じジュースを手に入れるために2倍のお金が必要になる。つまり、お金の価値は2分の1になってしまうというわけ。そしてハイパーインフレになったら、お金の価値が下がりまくり、もはや、お金は紙くずのようになってしまうことも……。

お金の価値が下がって紙くずみたいになるなんて、なんだか怖いね。その国のハイパーインフレは、今も続いてるの？

いいや。そんなことが続いたら大変だからね。新しく通貨を作り直したんだ。そして物価がさほど変わらないように国と中央銀行が監督するシステムを作り、国民に対して「安心していいよ」と約束したんだよ。

そうかぁ。日本も、日本銀行がしっかりしてないと、ハイパーインフレになっちゃうかもしれないんだね。

まぁ、ハイパーインフレはめったに起きないけどね。ただ、ハイパーがつかないただのインフレは簡単に起きる可能性がある。

え⁉　簡単に起きる可能性があるの⁉　いつ？　どんな時？　起きる時のサインとかあるの？

インフレが起きるサインというのは、実は誰にも見えないんだ。みんなが気づかないうちにインフレは起き、みんなが気づかないうちにデフレも起きる。両方ともハッと気がついた時には起きているものなんだよ。

こっわっ。目に見えないって、幽霊みたいじゃん。

幽……霊……？

あ、おじいちゃんのことじゃないよ。おじいちゃんは、しっかりとぼくの目に見えてるからね。それに突然出てきても、もう怖くないし。

そうかそうか。領太が怖くないって言うなら、ま、いっか。とにかく、物価があまりにも上がったり下がったりしないようコントロールする必要があるってわけ。

なるほどね～。そりゃコントロールが必要だ。

インフレ率は1％～2％がちょうどいい？

物価が上がりすぎないよう、インフレ率において、政府と日本銀行が一定の範囲の目標を決めることを**「インフレターゲット」**って言うんだよ。

インフレターゲット？

領太は、ターゲットって言葉を聞いたことあるかい？

ターゲット？　あるけど、説明するのは難しいなぁ。

ターゲットとは、一言でいうと「目標」のこと。物価が上がることに対して、政府と日本銀行が一定の範囲の目標を決め、それに収まるように金融政策を行うことを「インフレターゲット」と言うんだ。

一定の範囲の目標？

政府や日本銀行は、インフレ率において1％～2％を目指しているんだよ。

1％～2％って、どういうこと？

例えば、100円のものに対して、101～102円ほどに物価が上がることを目指して

いるという意味さ。

どうして、１％～２％を目指してるの？

それは、物価を安定化させるということが目的なのと、もう一つは物価が１％～２％上がった方が、国民の給料も増え、仕事にやる気が出るからなんだ。つまり経済成長につながるということなんだよ。

物価が１％～２％上がると、経済が成長するの？　どうして？

それは、人はそもそも「成長したい」と思う生き物だからさ。領太はテストで60点取ったら、「次はもっと高い点を取ろう」って思わない？

60点はちょっとヤバいね。70点はほしいな。

でも次のテストで70点を取れたら、次は80点を目指したくなる。80点の次は90点、90点も取れたなら１００点目指したい！……というように、人間は常に成長を求めるんだ。

そういうことか。けど、その目標って誰が決めるの？

インフレ率の目標は、政府や日本銀行があくまでも目標値として出しているんだ。「目標値のようなインフレ率になるように、政府や日本銀行は金融政策を打ちます」って感じだね。

ふーん。経済ってやつは、つくづく活発に動く生き物みたいだね。

しっかりとノートに書きとめておくといいよ。

ノートにも書いておくけど、ぼくが大きくなった時にまた教えてよ。

領太が大きくなったら……か。

医者のお友達みたいに、何百年……とまではいかなくても、ぼくが生きている間は成仏しないで、大人になってもぼくのそばにいてよね。

……。

おじいちゃんどうしたの？　眠いの？

いや、最近ちょっと疲れ気味でのぉ。領太と話していると楽しくて、はしゃぎすぎたかな。

ちちんぷいぷい、おじいちゃんの疲れよ、飛んでいけ〜！

領太……ありがとう。今日はこのままここで寝るとしよう。

うん。一緒に寝ようね。

この日、おじいちゃんはいつもより元気がない様子だった。
でも、突然消えることもなく、ぼくの横で静かに眠っていた。
朝になったら姿はなかったけど、それはよくあることで、ぼくは特に気にしていなかった。

けど、おじいちゃんと会える時間は永遠に続くわけじゃないということを、この時のぼくはまだ知らなかったんだ。

第8章

税金ってなんだ?

憲法で定められた国民の義務

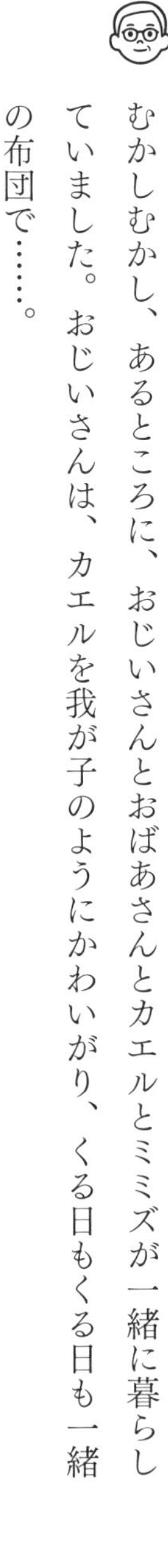

むかしむかし、あるところに、おじいさんとおばあさんとカエルとミミズが一緒に暮らしていました。おじいさんは、カエルを我が子のようにかわいがり、くる日もくる日も一緒の布団で……。

ストーップ! ねぇ、おじいちゃん。今日は昔話をしに来たの? それに、何その気持ち悪い話。せっかくの風呂上がりのアイスがまずく感じるよ。

な、なんだと⁉ 気持ち悪いとはなんだ! このおじいさんはカエルの卵を大切に育てて、800匹の孫たちを川へ放ち、そしてミミズと……。

もういいから！　わかったから！　おじいちゃんが川の話をすると縁起悪いし。

ホワッツ？　もしかして……三途の川のことを言っているのかい？

それしかないでしょ。

なんということだ。常々、自分が幽霊であることを忘れつつあるというのに、愛する孫はいつまで経ってもワシのことを幽霊扱いするとは……。そんなんじゃ、総理大臣になっても国民から愛され……。

え？　ちょっと待って。ぼくが総理大臣ってどういうこと？

あ、いや、なんでもない。

もしかして、おじいちゃんって未来のことがわかるの⁉　ぼく、総理大臣になるの⁉

いや、そうじゃなくて、例えばの話だよ、例えばの話。

うそだ！　本当のことを教えてよ！

本当に未来のことなんてわからないってば。領太が国民みんなの経済を豊かにするために、税金の改善に力を入れる総理大臣になるなんて……ハッ！

やっぱり未来のことがわかるんじゃないか！　ってゆーか、ゼイキンって……貿易とか銀行の話をした時に出てきたあの税金？　国民の誰もが払わなきゃいけないっていうお金？

よしよし、話がそれたぞ。

なんか言った？

いや、なんでもない。そうだ、その通りだよ。税金とは、国や地方公共団体が必要な経費をまかなうために、国民が支払わなければならないお金だよ。最も重要な法律である憲法で決まっているんだよ。領太もそろそろ小学校で習うけど、**「納税の義務」「勤労の義務」「教育の義務」**という三大義務の一つが納税、つまり税金なんだよ。消費税とか所得税とか、いろいろな種類の**税金**があるって話したのを覚えているかい？

うん、なんとなく。

じゃあ、今日はいろいろな税金の話をしようじゃないか。

ちょっと待ってね、ノートを用意するから。

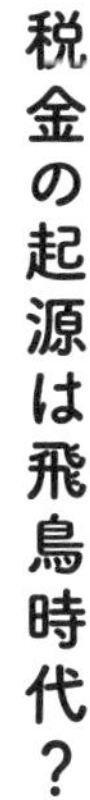

税金の起源は飛鳥時代？

さかのぼること、およそ１３００年前の話。

また気持ち悪い昔話はやめてね。

まぁまぁ、ちゃんと聞くがよい。７０１年に大宝律令（たいほうりつりょう）という決まりができたんだ。その決まりの中に税金制度が作られた。まだ電気もガスもない飛鳥時代のことだよ。

飛鳥時代⁉　そんな昔の話、社会の教科書にも載ってないかも。そんな昔からお金のやりくりについて考えられてたの？

その頃はまだお金ではなく、米や布や絹を作って国に納めていたのさ。米は取れた分のうち3％くらい。日本で**消費税**がスタートした時の割合と同じくらいだよ。

消費税って最初は3％だったの⁉　知らなかった。

そうだろうね。その頃、領太はまだ生まれてないからね。消費税の話は、あとで詳しくするとして。当時の人々が納めた税金（すなわち米や布など）は、国のために仕事をしている人たちに渡していたんだ。国のために仕事をしている人たちは、お米を作っている時間がない。だから、そういう仕事をしてくれている人たちのために、お米などを渡すんだよ。

国のために仕事をしている人？

そう。今で言う「公務員」のことさ。それも銀行の話をした時に少し出てきたね。公務員

とは、どういう人か覚えているかな？

もちろんだよ！　お巡りさんとか公立の学校の先生とかのことだよね。モノやサービスを提供してお金を得る組織や会社のことを「民間」といって、国民から集めた税金で国民のためにやりくりする職員のことを「公務員」っていうんだよね。

素晴らしい！　その通りだ。付け加えることが一つもないよ！　さすが未来の総理大臣……。

え？　なんか言った？

いや、いいんだ。続けよう。実は、米や布や絹を渡すのは、国の仕事をしている人たちだけじゃなくて、生活に困っている人にも渡していたんだよ。

生活に困っていた人？

何か事情があって米を作る体力がない人や、台風などの被害で田んぼが流されて米を作る

ことができなくなった人とかがいるよね。そういう人たちを助けなければならないから、国民みんなから少しずつ生活に必要なものを集めて渡していたんだ。

そっか……飛鳥時代の人たちは優しいんだね。

飛鳥時代の人たちに限らず、現代人も国や都道府県や市や区がお金をどのように使うかをしっかり決めて、管理しながら使っているんだよ。そういった管理のことを**「財政（ざいせい）」**というんだ。

ザイセイ？

そう。みんなから集めた税金を、どうやってやりくりするかを考え、管理することを財政というんだ。税金にはさまざまな種類があるって話したよね。まずは身近な**「消費税」**について説明しよう。

消費税は「社会保障」に使われる

消費税とは、一言でいうと「何かを買った時に支払う税金」のことだよ、領太。

何かを買った時って、どんなものでも？　ぼくみたいな小学生でも払わなきゃいけないの？

そうだよ。日本で買い物をすれば、買い物をしたすべての人が消費税を払わなきゃいけないんだ。ただ、外国から来た人たちは、支払わなくてもいい場合があるよ。

ぼくなんてお金を稼いでないし、おこづかいの中でやりくりしなきゃいけないのに、税金を払わなきゃいけないの？　そもそも、消費税って何に使うための税金なの？

消費税は、さまざまな分野での「足りないもの」に使われるんだ。

足りないもの？

そう。足りないもの。例えば、医療、介護、年金あるいは子育てに必要なサービスだよ。そのためにお金が必要だから消費税が必要なんだよ。ちなみに、消費税が始まったのは1

989年。その頃は、さっき言ったようにまだ3%だった。その後、1997年に5%となり、2014年に8%となり、さらに2019年に10%になったわけだが、払う割合が増えるごとに消費税の使い道は広げられるんだ。これまでは、主に医療や介護など高齢者中心だったけど、子育て世代にも拡大し、全世代の保障を充実させるために、「幼児教育・保育の無償化」や「高等教育（高校）の無償化」などにも使われるようになったんだよ。

けどさ、たった1%とか2%増えるだけで大人はギャーギャー騒いでたけど、なんで？

たしかに、100円の買い物だとしたら、108円が110円となり、その差はたった2円かもしれない。けど、車や家を買うことを想像してごらん？　100万円の車に8%の消費税が加算されたらいくら？

えっと……100円だったら108円になるから……100万円だと……8万円？

正解！　じゃあ、10%になったら？

1989年4月1日、日本で初めて消費税が税率3%で導入された。当時、国民の消費税に対する拒否反応は強く、各地で反対運動なども起こった。

写真：毎日新聞社／アフロ

10万円！

そう、その差額は2万円。じゃあ５０００万円の家だとしたら？

５０００万円⁉　えっと……８％だと40万？

ブッブー。ゼロが1個足りないよ、領太。

え⁉　４００万円⁉

その通り。ということは、10％だと？

５００万⁉

そういうことになるね。領太が「たった2％」と言っていたその差額は１００万円。

ぜんぜん「たった」じゃない！

おっしゃる通り。厳密には、家の土地代には消費税はかからないのだけれど、いずれにせよ、馬鹿にできない額だよね。これがさらに、何千万、何億円もの大きな金額を扱う会社だったら？

脳みそパンクしちゃう金額になる。

そうした大きな金額じゃなくても、領太を含め一人一人が日々少しずつ納める消費税も、ちりも積もれば膨大な金額になるんだよ。それでも消費税だけではまだ十分ではないんだ。だから、その他の税金についても学んでおこう。例えば、住民税・自動車税・所得税については、こんな感じでノートにまとめるといいよ（150頁参照）。

さすが大学の先生だね。こうして書くとすごくわかりやすいや。

領太にそう言ってもらえるとうれしいよ。その他、会社が国に支払う法人税や、タバコを吸う人が払うタバコ税や、お酒を飲む人が払う酒税とか、亡くなった人の所有物やお金を受り継ぐ際に払う相続税など、日本にはさまざまな種類の税金があるんだよ。

①住民税

住民税とは、都道府県民税と市町村民税を合わせたもので、道路や公園の整備、学校、福祉、防災、ゴミ処理など、各自治体がさまざまな公共サービスを提供するための費用に使われる税金。

②自動車税・軽自動車税

自動車税・軽自動車税とは、車を所有する人が払う税金のこと。地方税として地方公共団体の税収となる。使用用途は特に決められておらず、地域の教育や医療、警察や消防などの公共サービスや福祉、地方公務員や地方議員の給与などに使われていることが多い。

③所得税

所得税とは、個人の所得（給料や商売の利益など）にかかる税金のこと。所得税は国に納める国税である。所得が多いほど多くの税金を納める仕組み（超過累進税率）を採用している。また、会社員の場合、給料等を支払う会社が支払い時に天引きして徴収する「源泉徴収」という形がとられる。使い道は、社会保障関係費や国債費、公共事業費や文教・科学振興費などさまざまである。

そうなんだ。大人になるまでに全部覚えるのは大変そう。

大丈夫。大人になって、実際に払うようになると自然に覚えるよ。

そっか。大人になるといろいろな税金を払わないといけないんだね……。

日本の借金は1200兆円!?

ただ、税金だけじゃ国のやりくりは厳しいんだ。日本人は豊かになってきているけれど、政府は豊かではないんだよ。

どういうこと？

政府はお金儲けをしているわけではなく、税金としてお金を調達し、必要としている人や組織に渡してあげるのが役割だよね。銀行の話をした時に、政府について説明したのを覚えてるかい？

うん。もちろんだよ。政府は、国をまとめる権限を持つ人々の集団や場所のことだよね。

その通り。国がもらうお金、つまり収入のことを**「歳入」**（さいにゅう）、国が払うお金、つまり支出のことを**「歳出」**（さいしゅつ）というんだけど、政府が集めた税金（歳入）の使い道（歳出）としては、道路や橋などを整備する公共事業費や国を守るための防衛費などいろいろあるんだ。でも、一番大きいのは、国民の健康や生活を守る社会保障費なんだ。そして、高齢化が急速に進む日本では、この社会保障費がどんどん膨らんでいるんだ。

日本には1年でどれくらいのお金が必要なの？

日本は毎年１００兆円ぐらいの予算が必要なんだよ。

毎年１００兆円も必要なの!?

そうなんだよ。けれど、国民から税金を集めても60兆円ほどしかない。

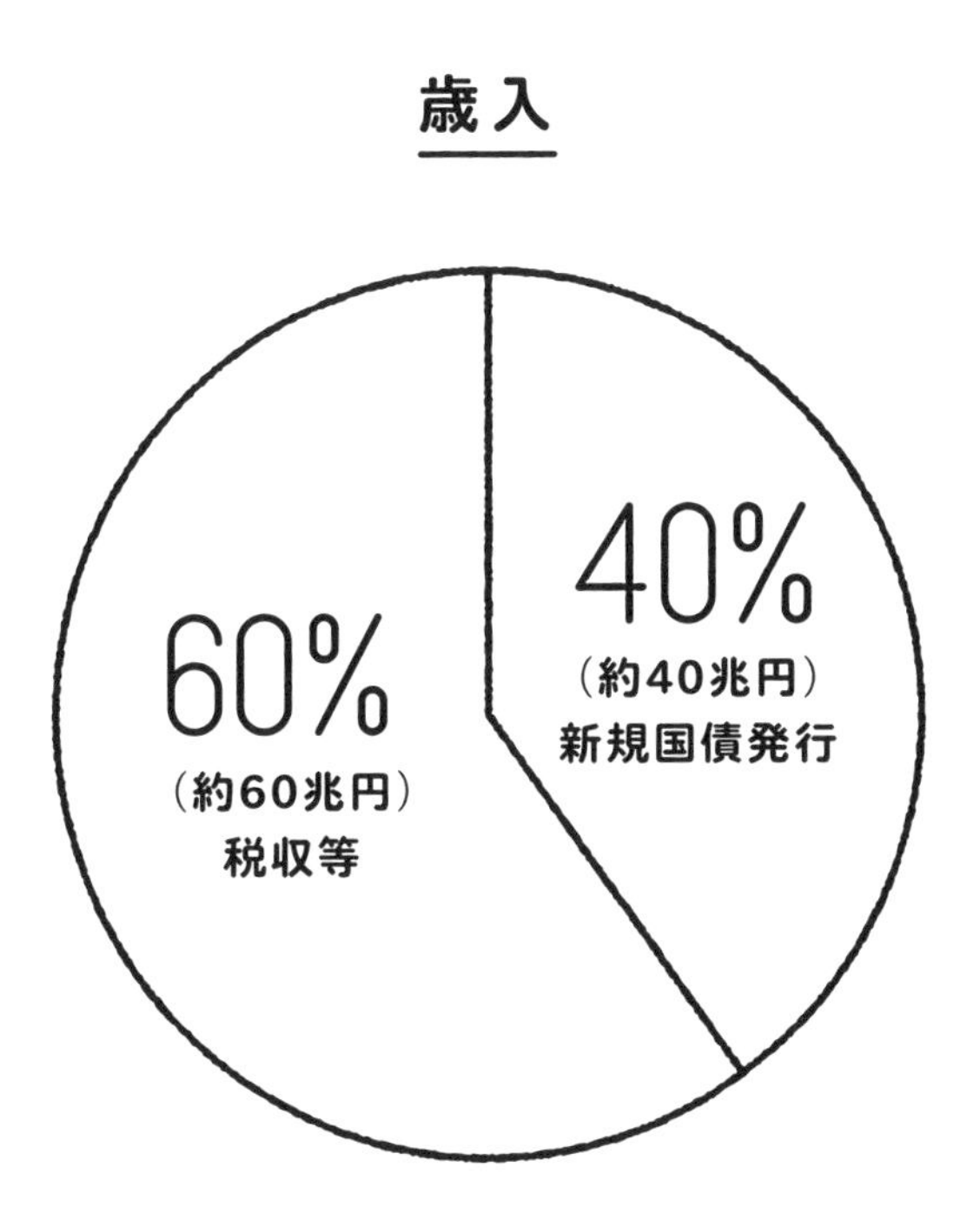
歳入
40%
（約40兆円）
新規国債発行
60%
（約60兆円）
税収等

え、ぜんぜん足りないじゃん！　残りの40兆円はどうするの？

それは、国がお金を借りるんだ。

国がお金を借りる⁉　いったい誰から？

ほとんどは国民からだよ。そしてお金を借りたら、国は**「国債（こくさい）」**という券を発行するんだ。

コクサイ？

そう。例えば国債を1万円で買った（国に1万円を貸した）とすると、1年後には利子がついて1万1000円になったりするわけ。

え？　国債を買うとお金が増えるの？

そうだよ。国債を買うと、定期的に利子が支払われるんだ。利子はわかるね？　銀行に預

けた時に増えるお金と同じ。そして返してもらう期日（満期）が来れば、買った時のお金がちゃんと戻ってくるんだ。

へぇ、そうなんだ。

国債には、個人向けのものや企業向けのものなどがあって、満期になるまでの期間によって種類もいろいろあるんだよ。

ふーん。国が借金してるなんてぜんぜん知らなかった。

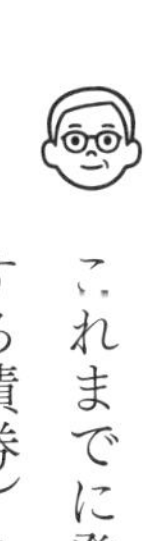

これまでに発行した国債の総額は1000兆円ほど。これに**地方債**（地方公共団体が発行する債券）を合わせると、日本には1200兆円の借金があることになるんだ。

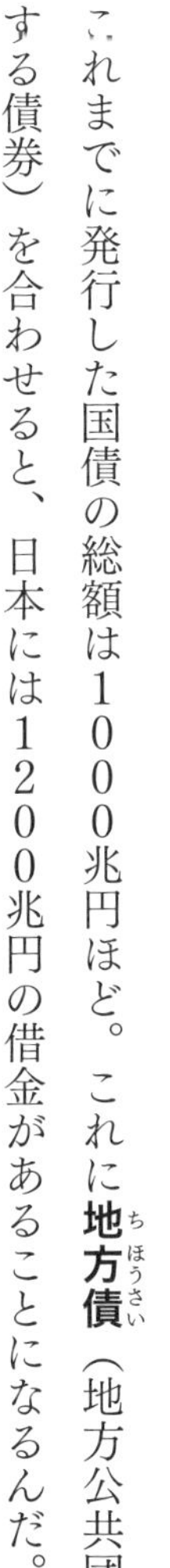

い、1200兆円!?　いち……じゅう……ひゃく……せん……まん……ぜんぜん想像つかないや！　日本、大丈夫なの？

恐ろしい数字だよね。その借金をどうにかするために、政府はいろいろ対策を練っている

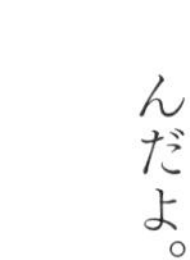

んだよ。

なんだか大人になるのが不安になってきたよ。

まぁまぁ、そんなこと言いなさんな。とはいえ、領太が大人になる頃には、消費税は今よりもっと上がっているかもしれないけどね。

えー！　そんなの嫌だよぉ。

でも、海外には日本よりもっと税金が高い国もあるんだよ。

海外にも税金ってあるの？

幸福の国・フィンランドの付加価値税は24％

あるよ。北欧のフィンランドという国では、買い物をすると**付加価値税**（ふかかちぜい）という税金がかかるんだ。日本で言う消費税みたいなものなんだ。

へぇ〜、何パーセント？

24％。

は⁉　に、24％⁉　日本の倍以上じゃん！　税金がそんなに高かったら、フィンランドの人たちはみんな買い物しなくなりそう。嫌になって他の国に逃げ出す人もいるんじゃない？

それが、まったく逆なんだ。フィンランドに住みたい、場合によっては国籍すら変えたいと言う日本人もいるくらいなんだよ。

マジでぇ⁉

マジでマジで。

信じられない……。

国連の「世界幸福度ランキング」でも4年連続1位を取っているんだよ。

マジでぇ!?

マジでマジで。

なんで?

それは、フィンランドの社会福祉が充実しているからなんだ。

社会福祉の充実?

子どもの教育費を国が出してくれたり、高齢者が安心して高齢者住宅に入れるようにしてくれたり、そうした社会福祉が充実しているんだよ。

税金は高いけど、その分ふだん生活するお金があまりかからないってこと?

そうだね。働ける間にいっぱい税金を払って、子育て中や老後は充分に支払った税金でゆったり豊かに暮らすんだ。だから人気が高いんだよ。

ふるさと納税って税金なの？

そういう国もあるんだね。あ、そういえば、**「ふるさと納税」**ってやつも税金なの？

ふるさと納税なんて、よく知ってるね。

この前、誕生日でもないのに夕ご飯にカニが出てきたんだ。「これどうしたの？」ってママに聞いたら、「ふるさと納税でもらったのよ」って。

そういうことだったのか。ふるさと納税とは、その名のごとく「ふるさとのためにお金を払うこと」なんだけど、一言でいうと、寄付をするということなんだよ。

寄付？　それなら「ふるさと寄付」でいいじゃん。なんで「税」がつくの？

ちなみに、領太は「赤い羽根共同募金」をしたことがあるかい？

うん、あるよ。

赤い羽根共同募金をすると、何がもらえる？

赤い羽根。裏にシールがついてるやつ。みんな下敷きとか筆箱に貼ってるよ。

そうだね。募金をすると赤い羽根をもらえるね。その羽根のことを「**返礼品**（へんれいひん）」というんだ。

ヘンレイヒン？

そう。寄付をしたことで、もらえるお礼のこと。ふるさと納税も、寄付をした都道府県とか市町村等からお礼をもらえるシステムになっているんだよ。そして、寄付をしたことによって、納めた税金が戻ってきたり、翌年の住民税が少しだけ安くなったりするんだ。こ

れを**「控除」**（こうじょ）っていうんだよ。

返礼品というお礼をもらえるだけじゃなくて、支払うはずの税金が安くなるってこと？

その通り。

でもさ、ふるさとがない人はどうしたらいいの？　ぼくみたいに、東京生まれの東京育ちだと、東京に寄付するってこと？

いや、それが実はそんなことないんだ。寄付をしたい自治体は、自分の生まれ育ったふるさとに限らず選べるんだよ。

え⁉　自分のふるさとじゃないのに寄付する人なんているの⁉

そうなんだ。自分がほしい返礼品をくれる自治体に寄付することができるんだよ。

お礼の品で寄付するところを決めるってこと？

そういう選び方もあるってことさ。

なんだか、見返りを期待してるみたいで悪いなぁ。

そんなことないよ。実際、寄付をしてもらった自治体は助かるしね。おじいちゃんのお父さん、つまり領太のひいおじいちゃんは滋賀県の小さな村で生まれたんだけど、その村は林業が中心でね。ただ、林業は年々人気がなくなっていて、困ってるんだ。村に住む人が少なくなると、それだけ村の税金も減ってしまう。医療とか介護をはじめ、村の公共サービスに必要なお金が充分ではなくなっているのが現状なんだ。

林業が人気なくて、みんなその村を出ていっちゃうと、残った人たちが使うための税金が足りないってこと？

そうだよ。税金が足りないからといって、その村に住んでいない人が税金を払うことは、今の日本の制度では難しいし、とはいえ、その村の人たちはお金がほしい。だから、寄付という形でお金を納めるような制度ができたんだ。寄付をすることは、個人の判断ですぐできるからね。そのお礼として、その村から返礼品がもらえるというわけ。

そういうことなんだね。じゃあ、ぼくもひいおじいちゃんのふるさとの滋賀県の村に寄付してあげたいよ。

領太は優しいね。滋賀県はいいところだよ。おいしいお米や、きれいな川でアユも取れる。そのお米やアユの佃煮（つくだに）とかを返礼品でもらえるかもよ。

へぇ〜、ぼくも滋賀県に行ってみたいな。

いつか、パパとママと一緒に行くといいよ。

その時は、おじいちゃんも一緒に行こうよ。

家族旅行の邪魔をしちゃ悪いから、おじいちゃんは遠慮しとくよ。

何言ってんの!? おじいちゃんも家族じゃん！ 遠慮とかやめてよ！

ありがとう、領太。じゃあ、おじいちゃんも遠慮なく参加させてもらおうかな。その時、おじいちゃんがまだこっちに……。いや、なんでもない。とにかく、領太はまだ小学3年生だから、この先何十年も生きることができる。いろんなことをたくさん学んで、国内外いろんな場所へ足を運んで、自分の目と足でさまざまなことを経験するといいよ。

うん！　おじいちゃんも一緒にね。

……。

おじいちゃん？　聞こえてる？　おじいちゃんはすでに幽霊だから、この先ぼくとずっと一緒にいるよね？　ねぇってば！　まったくもぉ……突然消えないでって言ってるのに。

第9章

保険ってなんだ？

万人は一人のために、一人は万人のために

おじいちゃんさぁ、最近、突然消えるよね。

いや、昨日はちょっと事故というかなんというか……。

事故？　幽霊が事故にあうってどういうこと？

なんて言えばいいのか、時空の途中で事故が起きたというか……。

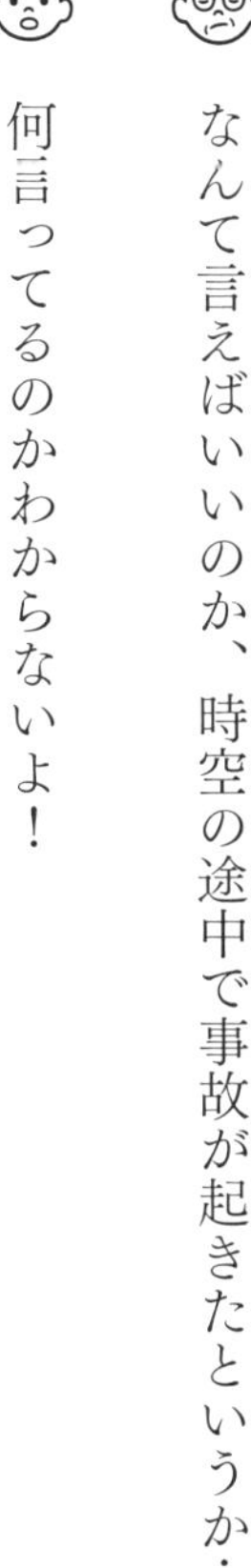

何言ってるのかわからないよ！

おじいちゃんもわからないよ！

逆ギレしないでよ！　あ、そういえば事故で思い出したけど、クラスの子が自転車に乗ってたら事故にあっちゃって……。

おや、それは災難だねぇ。車とぶつかったのかい？　ケガはなかったかい？

バイクが飛び出してきたんだって。ケガはたいしたことないけど、買ったばかりの自転車が壊れちゃったって落ち込んでた。

ケガがたいしたことなくて何よりだ。もちろん保険には入っていたよね？

ホケン？

そう。自転車保険。事故は、起こさないことが一番だけど、今回みたいにバイクが飛び出してきたりした場合、ケガをして病院にかかったお金を補償（ほしょう）してくれる仕組みを**「保険」**というんだよ。

そんなありがたい仕組みがあるの？　おじいちゃんが詳しいということは、保険も経済と関係あるわけ？

もちろん、保険も経済と関係があるよ。そもそも「保険」とは、「危険な外敵から身を守ってくれる」という意味で、人々の暮らしを豊かにするためのものなんだ。

そっか、経済もお金のやりくりによって、人々の暮らしを豊かにするためのものだもんね。

その通り。保険も同じだよ。事故は起こしてはいけない。でも起きてしまうかもしれない。その時にせめてお金の問題が生じないようにするのが保険なんだよ。

なるほどなぁ。でもさ、保険会社の人はたくさんお金を持ってないと、人々を守ってあげられないよね？

いや、それは違うんだ。保険というのは、保険会社に加入している人々が支え合う仕組み

なんだ。

人々が支え合う？

そう。まずはみんながどこの保険会社に加入するかを決め、毎月決まった金額を支払うんだ。会社によって保障の仕組みがそれぞれ違うからね。自分に合ったところを選ぶんだよ。仮に、毎月一人1000円を、加入した保険会社に支払うとしよう。1000人が1000円を払ったら1000万円になる。

毎月100万円も集まるの!?

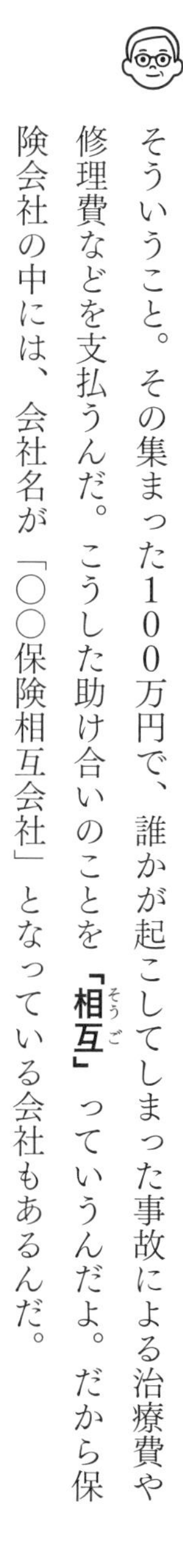

そういうこと。その集まった100万円で、誰かが起こしてしまった事故による治療費や修理費などを支払うんだ。こうした助け合いのことを**「相互（そうご）」**っていうんだよ。だから保険会社の中には、会社名が「〇〇保険相互会社」となっている会社もあるんだ。

そうなんだ。保険はいざという時に助けてくれる強い味方なんだね。

いいこと言うね。領太は、この言葉を知ってるかい？　「万人は一人のために、一人は万人のために」。

万人は一人のために……一人は万人のために……。なんだか、味方がたくさんいる気持ちになれる言葉だね。

本当だね。このようなシステムによって、人々のリスクを軽減することが保険制度の考え方であり、役割なんだよ。

そっか。よくわかったよ！　それは入らなきゃ損だ！　でもさ、毎月お金を払ってるのに、事故を起こさなかったらどうなるの？　お金は返してくれるの？

それは残念ながら返してもらえない。保険会社に支払うお金を**「保険料」**というんだけど、「もしも」のことがあった時の「備え」だから、支払ったお金は基本的に返ってこないんだよ。保険の種類によっては、多少返してもらえる仕組みもあるけどね。

ソナエ？

例えば、災害が起きた時のために、長期間保管できるレトルト食品やビスケットなどを家の中に用意しておくだろう？　「もしも」の時のために用意しておくものを「備え」というんだ。けど、賞味期限が切れてしまったら？

食べられない。

その通り。食べられなくなるかもしれないけど、用意しておけば安心だよね。その安心のためにお金を支払い、いざという時に助けてもらう。それが保険の基本的な考え方なんだよ。

そっか……。じゃあ、支払ったお金が返ってこなくてもしょうがないね。でもさ、日本中が地震になって、みんなの家が一気に壊れちゃったりしたら、たくさんお金がいるよね？そういう時でも、保険会社はみんなにお金を払ってくれるの？

領太、いい質問だね。地震や火災など、そういった自然災害の時には**「損害保険」**という種類の保険が補償してくれるんだよ。

ソンガイホケン？

偶然の損害をカバーする損害保険

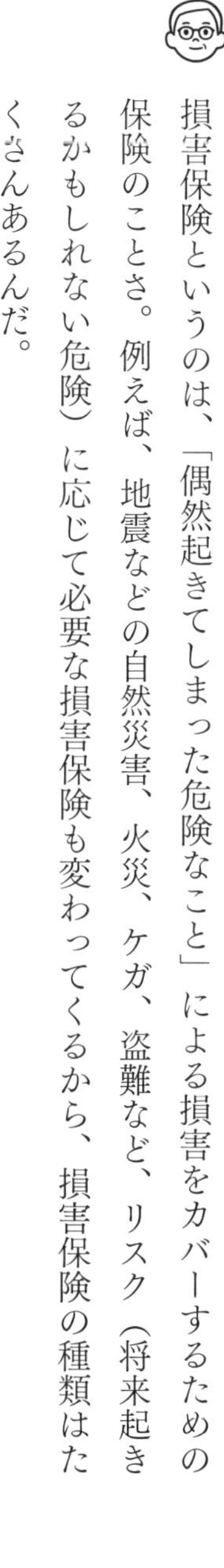

損害保険というのは、「偶然起きてしまった危険なこと」による損害をカバーするための保険のことさ。例えば、地震などの自然災害、火災、ケガ、盗難など、リスク（将来起きるかもしれない危険）に応じて必要な損害保険も変わってくるから、損害保険の種類はたくさんあるんだ。

保険の種類がたくさんある？　なんだか商品みたいだね。

そう。保険は民間の保険会社にとって商品なんだよ。

民間って、モノやサービスなどを提供してお金を得る組織や会社だよね？　保険会社も同じってこと？

そうだよ。保障というサービスを提供しているんだ。さぁ、領太、おじいちゃんが知っている損害保険を教えてあげるから、一緒にノートにまとめようじゃないか。

損害保険その① **自動車保険**

自動車事故によって、ケガをした人・させてしまった人に対する補償や、故障してしまった部品などの修理費をサポートしてくれる保険。

損害保険その② **火災保険**

火災や天災、建物の外側から生じた衝突（しょうとつ）や物体の破損（はそん）、水濡れ、盗難などにより建物や家財に生じた損害に備える保険。

損害保険その③ **地震保険**

地震や噴火、津波によって建物や家財が火事になったり、壊れてしまったり、流されてしまった時の損害を補償する保険。

地震を原因とした火災の場合には、火災保険では補償されない。

地震保険は単独では契約できない。火災保険にセットして契約する必要がある。

損害保険その④　傷害保険

突然の事故による入院や通院、死亡などにより生じた損害に備えるための保険。

損害保険その⑤　旅行保険

国内や海外の旅行中でのケガや病気、持ち物の破損などの損害に備えるための保険。家族など救援者の渡航費、宿泊費にも保険金が支払われる。

ねぇ、おじいちゃん。こんなにたくさんの保険があったら、どれに入っていいかわからなくなっちゃうんじゃない？

そうだね。全部に入っていたら、毎月たくさんの保険料を支払わないとならないよね。何

に対しても備えは大切だけど、自分にとって何が大切かを日頃から考えておくといいよ。けど、いつか領太が車の免許を取ったら、車の保険には絶対に入るべきだよ。

どうして？

日本には、普通車や小型車といった乗用車だけでも、6000万台を超える自動車が走っているんだ。これにトラックやバスを加えると7800万台ぐらいになる。日本の人口は1億3000万人弱だから、日本の人口の半分以上の数の自動車が存在するってことなんだ。ということは、どんなに安全に気をつけて運転していても、事故を起こしてしまうことがある。不注意で生じてしまう事故や、気をつけていたのに相手にぶつけられたりする「もらい事故」など、なんらかの事故に巻き込まれてしまう可能性があるんだ。だからそんなリスクに備えて、自動車保険には入っておくといいよ。

そんなにたくさんの車が日本には走ってるんだね。わかった。ぼく、免許を取ったら必ず自動車保険に入るよ。もしかして……おじいちゃんは車の事故で死んじゃったの？

どうしてそう思うんだい？

だって、経済の先生なのに車のことにとても詳しいから。

おじいちゃんは、どんなことでも知ってるんだよ。ほら、余計なことは考えなくていいから、保険の話の続きをしよう。

え⁉　保険って他にもまだあるの⁉

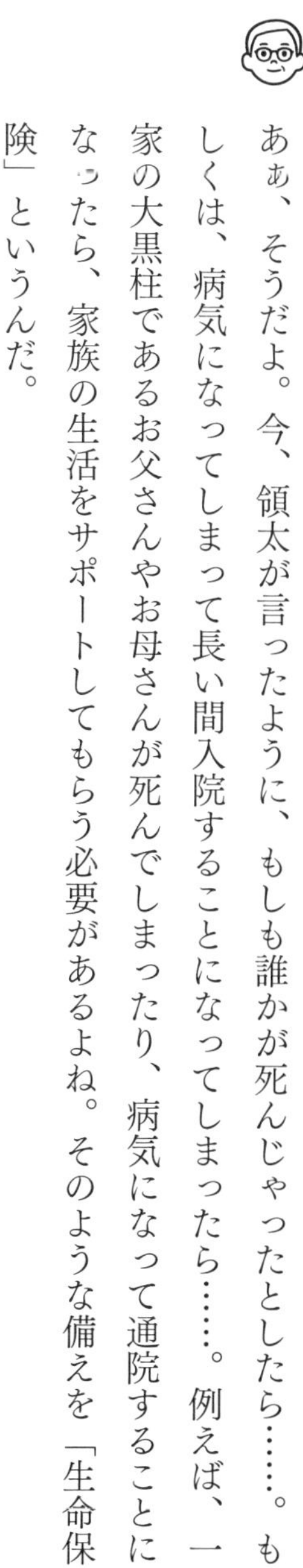

あぁ、そうだよ。今、領太が言ったように、もしも誰かが死んじゃったとしたら……。もしくは、病気になってしまって長い間入院することになってしまったら……。例えば、一家の大黒柱であるお父さんやお母さんが死んでしまったり、病気になって通院することになったら、家族の生活をサポートしてもらう必要があるよね。そのような備えを「生命保険」というんだ。

生命……保険？

生命保険は自分や家族を守る生活保障

生命保険というのは、病気や事故で命を落としてしまったり、身体に障害をかかえてしまった場合でも、家族が金銭的に安心して暮らせるよう備えるための保険のことだよ。

家族が安心して暮らすって、どういう意味？

例えば、お父さんやお母さんが重い病気にかかって身体が動かなくなってしまったら、治療そのものに費用がかかるだけでなく、介護の人に手伝ってもらわないといけないよね。出かける時にはタクシーも必要だ。そうなると、介護費用やタクシー代を払わなければならない。

たくさんお金が必要なんだね……。

そうだよ。そんな時、生命保険に加入していれば、これまでに支払った保険料に基づいて、保険会社の人が約束した分のお金を支払ってくれるんだよ。

それは助かるね。でもさ、そもそもぼくみたいな子どもには保険は必要ないかもね。

いやいや、それが子ども専用の保険というものもあるんだよ。

子ども専用の保険？

こども保険は教育資金を準備する貯蓄型の保険

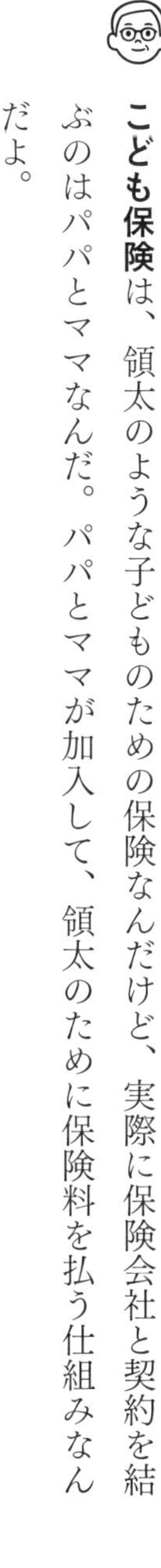

こども保険は、領太のような子どものための保険なんだけど、実際に保険会社と契約を結ぶのはパパとママなんだ。パパとママが加入して、領太のために保険料を払う仕組みなんだよ。

ぼくのために？

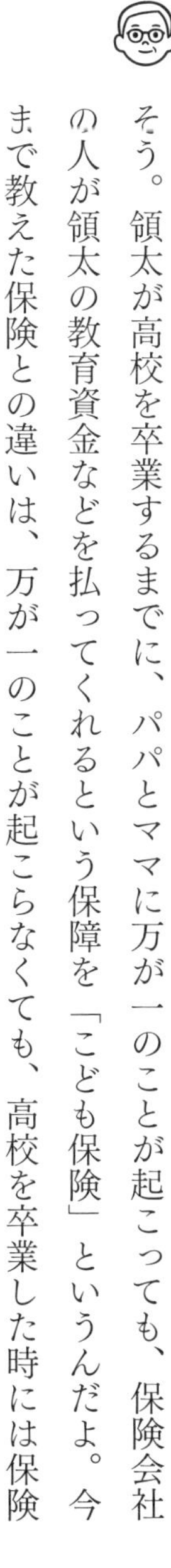

そう。領太が高校を卒業するまでに、パパとママに万が一のことが起こっても、保険会社の人が領太の教育資金などを払ってくれるという保障を「こども保険」というんだよ。今まで教えた保険との違いは、万が一のことが起こらなくても、高校を卒業した時には保険

金を受け取ることもできる保険なんだ。

こども保険って、銀行預金に似てるね。

まぁね。だけど、銀行預金と違うところは、万が一、パパに何かあった場合、すなわち保険料を支払えなくなってしまった場合でも、領太が高校を卒業した時にはちゃんと保険金がもらえて、それを大学の入学金にあてたり、就職して独り立ちする際の資金にすることができるというのが、こども保険の特徴なんだ。

パパが死んでしまうのは絶対嫌だけど、万が一のことはあるからね……おじいちゃんが死んじゃったみたいにさ。ねぇ、そろそろ教えてくれてもいいんじゃない？　おじいちゃんはなんで死んじゃったのさ。寿命？　それとも事故？　それとも病気？

あいたたた……お腹が……痛い……。アイスキャンデーを食べすぎたかな。

もう！　またごまかして消えるつもりだね！　だったら、ぼく、おじいちゃんがなんで死んじゃったのか自分で調べるからね！

まぁ、待て待て。まだ保険の話は終わっとらん。ここまでは民間の保険会社による補障の話だが、ここからは政府による保険制度の話をしようではないか。

政府による保険制度の話？

社会保険は「日本人保険」？

そうだよ。損害保険や生命保険は、保険契約をして保険料を支払う人だけが入れる民間の保険だよ。

お金持ちの人はたくさん保険に入れるから安心だけど、なんだか不公平な気がするな。

そうだろう？　日本には今の領太のように思う人がいっぱいいる。それに病歴がある人など高いリスクを持った人が保険会社から加入を拒否されてしまったり、保険料が高額になってしまうこともあるんだ。

それは困ったね。

そう。だから、そうした不公平や不合理が生じないために「日本人保険」があるんだ。

日本人保険？

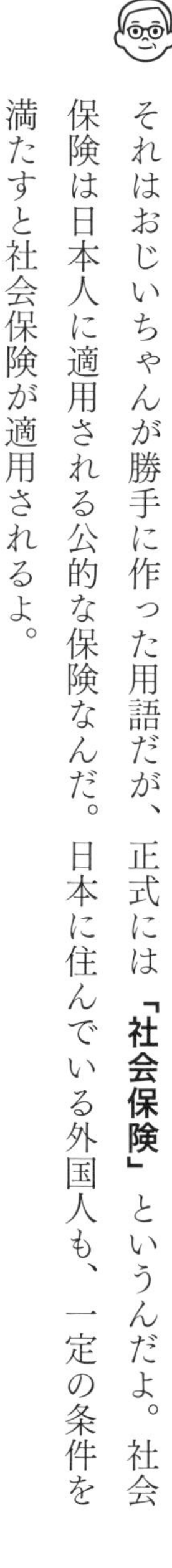

それはおじいちゃんが勝手に作った用語だが、正式には**「社会保険」**というんだよ。社会保険は日本人に適用される公的な保険なんだ。日本に住んでいる外国人も、一定の条件を満たすと社会保険が適用されるよ。

そうか。日本っていい国だね。

いい国だけど、社会保険料は「基本的には日本人全員に費用負担をしてもらいます」っていう仕組みなんだ。

全員っておかしくない？　入りたくない人もいるだろうし。

いつ病気になるか、ケガをするかは予測できないし、誰にだってそうなるリスクはある。年を取って働けなくなったら、お金を稼げなくなって、生活に困ってしまうかもしれない。人間だったらそういうリスクから逃れることはできないからね。社会保険は人々の連帯によって、リスクの高い人はもちろん、日本国民全員で人々の生活のリスクをシェアするための仕組みなんだ。だから、日本では、すべての国民に保険への加入を義務づけているんだよ。

みんな保険料を払わなきゃいけないの？

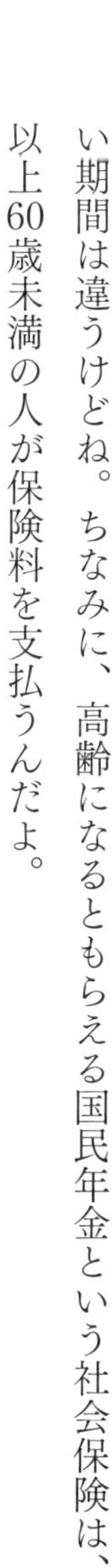

基本的にはみんなが払う。社会保険にもいろいろな種類があって、それぞれ保険料や支払い期間は違うけどね。ちなみに、高齢になるともらえる国民年金という社会保険は、20歳以上60歳未満の人が保険料を支払うんだよ。

20歳から60歳くらいの人は社会保険料を払うってことか。

基本的にはね。正確には、仕事内容や収入の内容で年齢は少し変わるよ。

社会保険って、具体的には何を保険として扱っているの？

基本的には五つあるよ。

- 医療保険……医者にかかった時
- 年金保険……高齢になった時
- 介護保険……介護が必要になった時
- 雇用保険……失業した時
- 労災保険……働いている時に事故が起きた時

なかでも医療保険は重要だとおじいちゃんは思ってる。領太もパパもママも病院に行くことはあるよね？　その時に「健康保険被保険者証」というのを見せるんだよ。すると医療費の7割を社会保険として国が払ってくれるんだ。

残りの3割だけ自分で払うのか。

そうだよ。高齢になって所得が減れば1割だけで済むこともあるよ。

年金保険は？

高齢になった人は退職して収入が大きく減ったり、なくなってしまうかもしれないよね。だから年金をもらって生活できるようにする。60歳になるまでは、年金の保険料を国に支払って、65歳以上の人たちが使えるようにするんだよ。65歳と言ったけれど、実際には60歳から70歳までの柔軟性（じゅうなんせい）があるんだ。けど、まあ、先に進もう。

介護保険は？　年金とは違うの？

まず介護保険料の支払いは40歳になってからだよ。そこから64歳までは医療保険料の一部として、65歳以上になると、介護保険料として保険料を払う。

雇用保険は何？

雇用保険は、会社に勤めていたけれど理由があって仕事を失った人に、一時的にお金を渡したりしてサポートすることだよ。労災保険は仕事をしている時に災害にあって働けなく

なったりした人をサポートする保険。

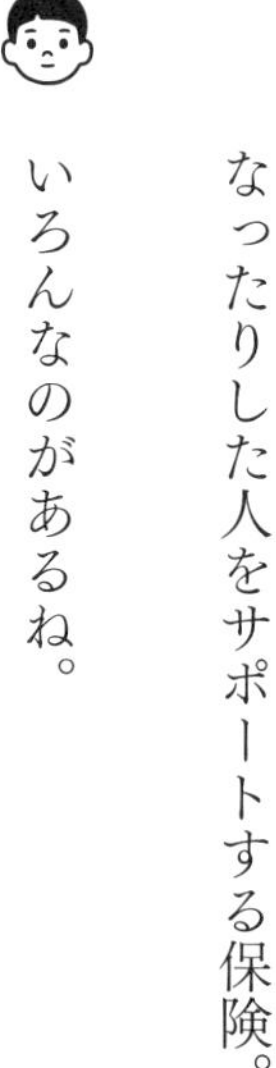

いろんなのがあるね。

これらは国民みんなでお金を出し合って、困っている人のために使うんだ。あと、もう一つ、領太に知っておいてもらいたいものに**公的扶助**（こうてきふじょ）というのがある。

コウテキフジョ？　フジョって何？

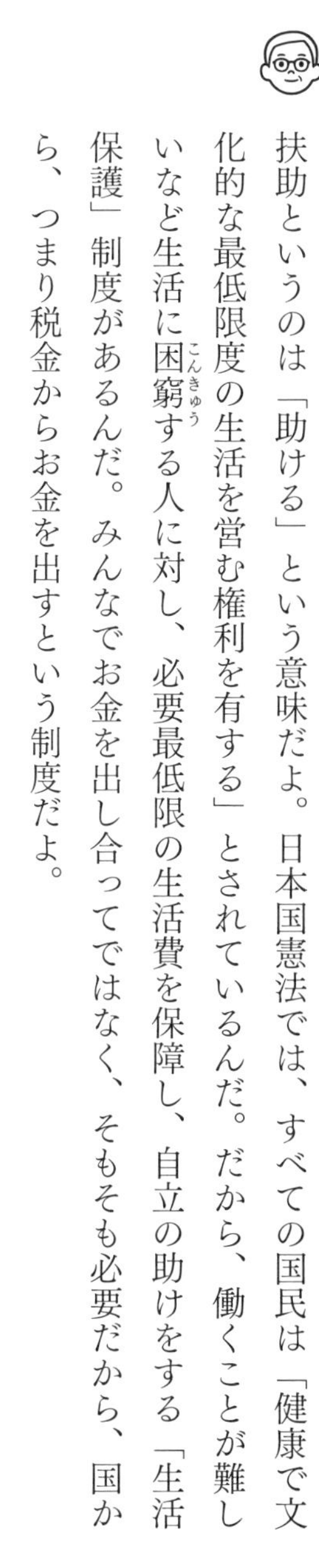

扶助というのは「助ける」という意味だよ。日本国憲法では、すべての国民は「健康で文化的な最低限度の生活を営む権利を有する」とされているんだ。だから、働くことが難しいなど生活に困窮（こんきゅう）する人に対し、必要最低限の生活費を保障し、自立の助けをする「生活保護」制度があるんだ。みんなでお金を出し合ってではなく、そもそも必要だから、国から、つまり税金からお金を出すという制度だよ。

困っている人は助けないとね。

そうだよ。社会保険と公的扶助についてわかったかい？

うん。わかった！

じゃあ、次はさっき少し触れたけど、年金について詳しく話そうか。年金は生命保険と似ているんだ。生命保険は基本的に死んだら家族にお金が入るんだけど、年金は生きている間に、「死ぬまでお金をもらう」という保険制度だよ。ということで、今日はお腹も痛いし、これにてサラバじゃ！

あ、ちょっと！……ったくもう。目の前で姿を消されることにも慣れてきたよ……。

第10章

年金ってなんだ？

国民年金と厚生年金は何が違う？

ヤッホー、領太。

お、おじいちゃん……!?　その服どうしたの!?

これかい？　これは見たままさ。宇宙服だよ。

見たままって……宇宙にでも行くつもり!?

どうだい？　かっこいいだろう。宇宙飛行士と友達になってね。ちょっと借りてきたんだ。

宇宙飛行士って、それはもしかして……幽霊の宇宙飛行士？

あぁ、そうだよ。名前はプライバシーの問題があるから言えないけど、彼はあの世でこう言っていたよ。「地球は、めっちゃ青かった」ってね。聞いたらビックリしちゃう有名人さ。

それってもう誰だか答えを言っているようなもんだと思うけど……。まぁ、いいや。あっちでおじいちゃんに友達がいて良かったよ。それより！　昨日も突然消えちゃって、ぼく、さみしかったんだよ。お腹が痛いなんて仮病でしょ！

いやいや、仮病じゃないよ。本当に痛かったんだ。血は流れてなくとも、痛みの記憶っていうのかなぁ。時々お腹とか腰が痛くなるんだよ。

ふーん、そうなんだ。それより、その宇宙服いつまで着てる気？

そうだなぁ、今日一日は着てるつもり。ずっと着てみたかったんだ。でも、おじいちゃん

の年金ではとてもじゃないけど買えなかったからさ。

ネン……キン？

老後に国から支給されるお金の制度の年金だよ。もしかして領太、年金って初めて聞くかい？

うーん、この前、おじいちゃんと社会保険の話をした時に出てきたよね。もっと教えて。

そうかそうか。ならば今日は、年金の話をしようじゃないか。あと10年くらい経ったら、領太も保険料を支払うことになるから、今から学んでおいて損はない。

10年後？

そう。年金というのは、20歳以上の人がすべて加入しないとならない国の制度のことだよ。それゆえに、年金のことを**「国民皆年金（こくみんかいねんきん）」**ともいうんだ。

すべての人？　加入すると何かいいことがあるの？

そうだよ。20歳から60歳になるまですべての人が一定の保険料を納めることで、65歳になったら今度は毎月お金をもらえるんだ。国民が安心して暮らすための社会制度の一つだよ。

え!?　毎月お金をもらえるの？　働いてなくても？　いくら？

毎月くれるよ。正確には、2ヶ月に1回まとめて支給されるんだけど、いくらもらえるかは支払った年数によって違うんだよ。もしも20歳から60歳まで40年間きっちり払っていたとすると、1ヶ月につき6万5000円ほどもらえることになるね。けど、仕事が思い通りいかなくて、決まった額を支払えない時期があったりすると、もっと少ないけど。

毎月6万5000円!?　すごい大金じゃん！　20歳になったら、毎月いくら払えばいいの？

年金には、**国民年金**（こくみんねんきん）と**厚生年金**（こうせいねんきん）という2種類があるんだ。国民年金は、さっき言ったよう

に20歳以上60歳未満の国民全員が必ず加入することになっている年金で、保険料は定額を払う年金。そして厚生年金は、主に会社員が給与に応じて納める年金なんだよ。もらう時は国民年金に上乗せされた金額が支払われるんだ。だから、会社員かそうじゃないかで、支払う金額も違うし、65歳以上になってからもらえる金額も違うんだよ。

ってことは、国民全員が支払わなきゃいけない国民年金は、ぼくも10年後に払うわけだよね？

そうだよ。領太も20歳になったら国民年金を払うんだ。金額は毎年微妙に変わるけど、令和3年で例えると、毎月1万6610円。年間にすると、おおよそ20万円弱ってところかな。

えーっと、年間約20万円を40年間払い続けると……800万円（およそ797万円）にもなる！

そうだね。こうして数字だけ考えると、とても大きな金額に感じるね。でも、65歳からもらい始めて85歳まで生きたとしたら？

年金制度

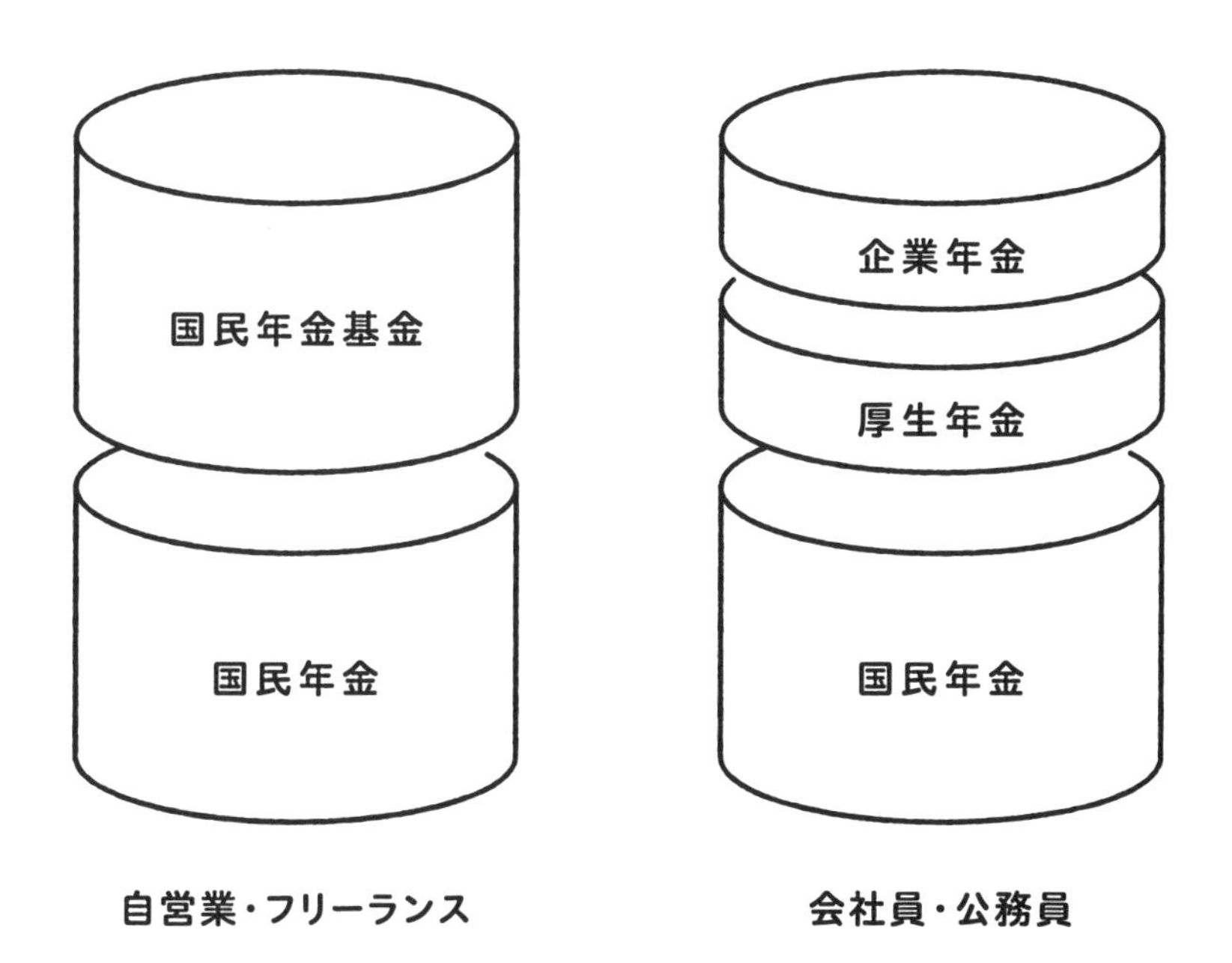

毎月６万５０００円を20年間ってこと？　えーっと……。

約１５６０万円。支払ってきた分の倍を保障してもらえるってこと。

マジで⁉　何それ！　すごいね！

年金というのはすごい保険なんだよ。ただ、損害保険や生命保険の場合は、事故にあった時や病気になった時にお金をもらえるけど、年金の場合はあくまでも年齢が基準となっているわけ。しかも、支払っている保険料は、実は、今現在65歳以上の人の生活をサポートするために使われているんだ。

どういうこと？　将来の自分のために貯めてるわけじゃないの？

そうなんだ。銀行預金のように、自分が自分のために貯めているわけではなく、損害保険や生命保険と同じで、加入者みんなでお金を集めて、今困っている人を支え合う制度なんだよ。

損害保険や生命保険って、事故や病気によって一時的に困ってしまった人の医療費とかをみんなでサポートするんだよね？

おっしゃる通り！　領太、よく覚えていたね。民間の損害保険や生命保険が短距離走だとすると、国の年金は長距離マラソンみたいなものなんだ。今現在働ける人が保険料を納めて、走り終えた人たちの生活をサポートするという感じ。事故や病気ではなく、電気代・ガス代・水道代、スマホに必要な通信料、趣味のためのお金、病院に行った時の医療費といった日常の生活費を、老後も安心して支払い続けられるようにするための制度なんだよ。

へぇ〜。なんだか、おじいちゃんが教えてくれた海外の税金の話みたいだね。

海外の税金？

うん。フィンランドの消費税……だっけ？　人々が24％支払っている制度。

あぁ、働ける間にいっぱい税金を払って、子育て中や老後は充分に支払った税金でゆったり豊かに暮らす「付加価値税」のことかい？

それそれ！

なるほど。少し似ているかもしれないね。フィンランドの付加価値税も、「いつか」の自分のためにお金を支払っているけど、実際には「今」支えなきゃならない人のために、みんなのお金を活用している。うん、少し似ているね。

じゃあ、ぼくが65歳になったら、その時に元気に働いている人たちが「保険料」を払って、ぼくを支えてくれるってことだよね。

その通り。世代間で支え合っているということだね。

でも、日本は少子高齢化が進んでいると聞くけど、大丈夫なのかな？

さすが領太、するどいね。２０５０年には高齢者の割合が約４割になるといわれているん

だよ。

4割⁉　高齢者の割合が増えるのに、それを支える世代が減っているとなると、そのうち支えきれなくなりそう……。

その通り。だから、日本にとって少子高齢化は大きな問題なんだ。

年金問題って、小学生にとっても他人事じゃないんだね。

そういうこと。

そういえばさっき、会社員だと国民年金に厚生年金が上乗せされた額がもらえるって言ってたけど、国民年金しかもらえない自営業の人は、老後の生活が不安じゃないのかな。

いい点に気づいたね、領太。厚生年金に加入できず、国民年金しかもらえない人のために「国民年金基金」という制度があるんだよ。

コクミンネンキン……キキン？

国民年金基金は自営業やフリーランスの人のための年金

国民年金基金（こくみんねんきんききん）という制度は「積み立て」という形を取るんだよ。基金というのは、「財産となるお金」と言うとわかりやすいかな。特定の目的のために準備する資金のことなんだ。

特定の目的？

そう。この場合、より豊かな老後を過ごすことが「特定の目的」かな。日本の平均寿命は男女とも世界でトップクラスだって知っているかい？　老後が長期化しているために、生活設計を計画的に立てることが必要になってきてるんだ。国民年金は、自分以外の誰かが困った時のために「保険料」を支払うシステムだけど、国民年金基金は「将来、自分が貯めた分だけ自分がもらう」という制度。だから、日本みたいに少子高齢化が進んでも、国民年金や厚生年金のように人口構成の変化による影響を受けることがないんだよ。

そういう制度があると安心だね。なんだか、毎日当たり前に暮らしてたけど、大人は大人でいろいろ先のことまで考えているんだってことがよくわかったよ。

そうかそうか。大人の気持ちがわかるなんて、領太も大人の階段を一段上ったということだね。お金のやりくりについては、その人の価値観によって正解は異なるし、向き不向きもあるからね。その人その人に合った選択をすることが大切だよ。

ぼく、大学生になったらおじいちゃんみたいに経済の勉強しようかな。

おっ、そうかい？　それは教え甲斐があるね。領太は教えたことをグングン吸収するから、勉強したら誰にも負けないくらい賢くなるよ。おっとっと、もうこんな時間か。

え!?　何!?　また一緒にお風呂入れないの!?

テステス、テスト、テスト、聞こえますか？

おじいちゃん、時計に話しかけてるの？

しっ！　これは仲間と通信する携帯電話みたいなものだよ。

アップルウォッチ？

あっぷる……？　領太にはこれがリンゴに見えるのかい？

そうじゃなくて、携帯電話と連携できる腕時計か？って聞いてるの。

現代にはそのようなものがあるのか！　まぁ、そんなようなもんだ。テス、テス、聞こえますか？　ルパン、聞こえますか？

ルパン⁉　おじいちゃん、誰としゃべってるの？

ごめん、領太。もう帰らねばならん。この宇宙服も返さねばならんし、これからちょっと出かけなくちゃいけなくなった。

ルパンと？　幽霊だからって大泥棒しちゃダメだよ。ってか、ルパンって実在したんだ……。

らじゃ。また明日な。

バイバ……消えちゃった……。変なおじいちゃん……。生きてる時もあんな感じだったのかな。

第11章

資産運用ってなんだ？

持っておけば価値が増えるだろう

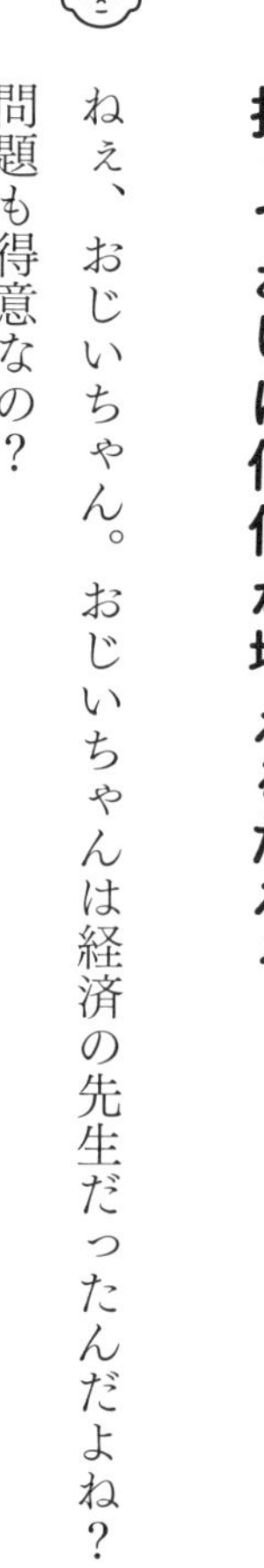

ねぇ、おじいちゃん。おじいちゃんは経済の先生だったんだよね？　ということは、計算問題も得意なの？

計算問題？　難しい数学とかは専門外だが、小学生の計算くらいなら任せておけ！

ぼくね、掛け算の九九の四の段が苦手なの……。どうしても途中で止まっちゃうんだよね。

そうか。九九の四の段か。じゃあ、おじいちゃんと一緒に声に出して言ってみよう。せーの。

しいちがし、しにがはち、しさん……しさん……。

どうした？　しさんで止まってしまったじゃないか。忘れちゃったかい？

そうじゃなくて、そういえば昨日、パパとママが話してるのを聞いちゃったんだ。おじいちゃんのシサンが、なんちゃらかんちゃら……って。

ワシのシサン？　あぁ、資産のことか。

ねぇ、おじいちゃん。シサンって何？

資産とは、「持っておけば価値が増えるだろう」と思われるものだよ。

持っておけば価値が増える？　どんなもの？

例えば、領太が住んでいるこのマンションは、パパとママが買ったものだよね。毎月家賃

を払っていた賃貸マンションに住むのをやめて、このマンションを買ったのはなぜだと思う？

こっちのマンションの方が小学校に近いから？

たしかに、前住んでいた賃貸マンションよりも、こっちの方が小学校にも駅にも近くて便利だね。でも、このマンションを買った理由はそれだけじゃないんだ。パパとママは、「このマンションを持っておけば、そのうち価値が上がるだろう。そうなれば、自分たちが死んだあともマンションを領太に残せる」と考えたからなんだよ。つまり、パパとママはこのマンションを**「資産」**にするために買ったってわけ。

このマンションが、資産？

そう。駅にも小学校にも近く、便利なところに建ったマンションを、パパとママは「持っておけば価値が増えるだろう」と考えて、自分たちの資産にしたってこと。

価値が上がりそうなマンションのことを「資産」っていうんだね。

いや、マンションだけじゃないよ。他には、例えば絵も資産だよ。ゴッホやピカソの絵は、有名になる前は価値が低かったけど、今や数百億円で取引されている。ゴッホやピカソがまだ無名の頃に彼らの絵を安く買った人は、今売ったら大儲けできるよね。

うん。すごい金額になるだろうね。

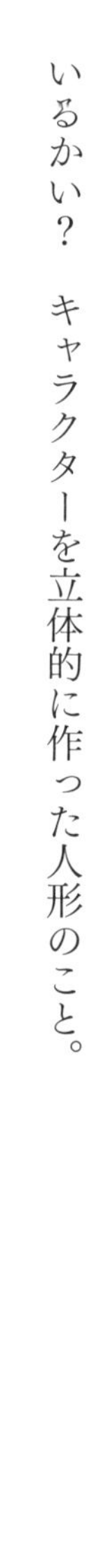

絵やマンションだけじゃない。あとは……フィギュアとか。領太はフィギュアって知っているかい？　キャラクターを立体的に作った人形のこと。

フィギュアは持ってるよ。カードゲームに出てくるキャラクターで、黒うさぎのロンロンっていうの。

ほほぉ、ロンロンというのか。それも資産だよ。今の価値は数千円かもしれないけど、人気が出れば数万円になるかもしれない。世の中には数億円のフィギュアもあるからね。ロンロンも資産なんだ。

そっか。「持っておけば価値が増えるだろう」と思われるものはいろいろあるんだね。たくさん持っていたら、そのうち大金持ちになれるかも。

領太の言う通り、ついそう思いがちだけど、反対に価値が下がることも考えないといけないよ。絵画もフィギュアも人気がなくなったら、誰も買わなくなるからね。資産を持つということには、そうした**「リスク」**もあるんだよ。

リスク？

ここで言うリスクとは、「結果が不確実（未定・危なっかしい状態）である」ということさ。

価値が増えると思っていたら、逆に価値が下がっちゃったら悲しいね。このマンションもいつか価値が下がったら、パパもママも悲しいだろうな。

そうならないためにも、賢く資産を運用することが大切なんだ。

資産を……ウンヨウ？

資産運用とは「お金を別のモノに換えることで、儲かるようにする」という意味だよ。お金を別のモノに換えて、その換えたモノの価値が上がったら、またそれをお金に換えることで以前よりもお金が増えるよね？　これを**資産運用**というんだ。

お金を別のモノに換える……か。パパやママがこのマンションを買ったのも、お金を別のモノに換えたということ？

そうだね。パパやママはマンションという資産を購入しただけだけど、このマンションだって、いつかは領太のものになる。そうなった時、このマンションの価値が今よりも上がっていたら、領太はここを売ることができる。その結果、パパやママが買った時よりも高く売ってお金が増えれば、それは資産を上手に運用したことになるね。売ったお金で、また新たな資産運用をすることもできるよ。

え!?　売っちゃったら、ぼくはどこに住めばいいの？

高く売れたら、ここよりもっと広くて住みやすいマンションや一軒家を買えばいいじゃないか。資産を運用する（お金を別のモノに換えることで、儲かるようにする）ことは、「自分が送りたい人生を送るためのチャレンジ」でもあるんだよ。もちろん、その時、領太がお金に困っていなかったり、やっぱりこのマンションに住んでいたいと思ったり、パパとママとの思い出が詰まっていたら、無理に売る必要はないけどね。

自分が送りたい人生を送るためのチャレンジが資産運用……か。

その通り。パパとママは、ずっと先の領太のことも考えて、このマンションを資産として買ったというわけ。その資産を運用するのは領太ってこと。

責任重大だな。

そんなに難しく考えることないよ。未来の領太が幸せでいてくれたら、それでいいんだよ。

そっか……。ぼく、責任持って幸せになる！

よっ！　大統領！　カッコイイぞ！

そうだ！　ぼくは大統領の「領太」だ！　おじいちゃんにもっと経済のことを教えてもらって、自分だけじゃなくてみんなの未来が幸せになる方法をたくさん考える！

それでこそワシの孫だ！　そうそう領太、前に銀行の話をしたのを覚えているかい？

もちろんだよ、おじいちゃん。

銀行や郵便局にお金を預けることも、立派な資産運用の第一歩なんだよ。おじいちゃんがシカゴ大学の学生だった頃、先生からそう習ったよ。

銀行にお金を預けるだけでいいの？　じゃあ、ぼくもこの年で資産運用できるってこと？

そうだよ。お金を貯めることを**「貯蓄（ちょちく）」**というんだけど、銀行にお金を預けると利子を受け取ることができるという仕組みを話したよね？　お金を預けることは、銀行にお金を貸すということでもあるんだ。これを貸借関係っていうんだけどね。実際には貸しているんだけど、気持ち的にはお金を預金という形態に変えることで、安全・確実に増やすことができるよね。その意味では、貯蓄も資産運用といえるとおじいちゃんは思うんだ。

でもさ、銀行の利子は、ちょっとしかもらえないんでしょう？

おっしゃる通り。だから貯蓄という資産運用は、確実にお金を貯めることはできるけど、大きく増やすことは難しい。けれど、資産運用にはもう一つ違う方法があるんだよ。

もう一つ違う方法？

投資でお金を大きく増やす

そう。もう一つの方法は**「投資」**。

トウシ？

そうだよ、改めて説明するけど、投資という資産運用の方法は「お金を大きく増やすことを目的に、お金を使うこと」だよ。

お金を大きく増やすために、お金を使うの？　使ったらお金が減っちゃうじゃん。

いったんは減るけど、ずっと減ったままじゃなく、さっき言った通り運用するんだ。さあ、領太、運用とはなんだっけ？

えっと……お金を別のモノに換えることで、儲かるようにすること。

ビンゴ！　このマンションで例えると、買った時はパパとママがたくさんお金を使ったよね？　でも、いつか価値が上がって、その時領太が売ったら、いったんは減ったお金が増えた状態で戻るというわけ。絵画やフィギュアやマンションなどの資産を持つことを「投資をする」ともいうんだよ。

「資産を持つ」ことは、「投資する」ということでもあるんだね。

エクセレント！　領太、小学生でおじいちゃんの教えたことをここまで理解できるなんてすごいよ！　やっぱり領太は経済の申し子だ！　日本の経済を救う救世主だ！

大げさだよ、おじいちゃん。それより、さっきの話だけど、パパとママが話してた「おじいちゃんの資産」ってなんのこと？

あぁ、そのことか。それはたぶん……株のことかな。

カブ？　あの白くて丸い野菜のこと？

そのカブじゃなくて、「株式会社」の株だよ。

株式投資はリスク・リターンを考えて

そもそも、**「株式会社」**ってよく聞くけど、会社を作ったらみんな株式会社なの？

いやいや、そんなことないよ。会社を作ったからといって、みんなが「株式会社」とは限

らない。「〇〇合同会社」とか「〇〇合資会社」とか、会社にはいくつか種類があるんだ。その中でも「株式会社」という会社は、**「株券」**という名前の券をさまざまな人に買ってもらい、それによって得たお金で経営する会社なんだよ。

カブケン？

例えば、領太が会社の社長だとする。新しい商品を開発するために10万円必要だったとしよう。そこで、「新商品を開発するためにみんな協力してください！　お金を出してください！」と募集をかけるんだ。

え!?　知らない人にお金を借りるの？

いや、借りるんじゃなくて、投資してもらうんだよ。

あぁ、さっきおじいちゃんが言っていたね。投資という資産運用の方法は「お金を大きく増やすことを目的に、お金を使うこと」だって……。

そう！　その「投資」だよ。領太の会社に投資してもいいと思ってくれる人に、お金を出してもらうんだ。でも、10万円という大金を一人からまとめて出してもらうことは難しい。だから一人1万円ずつ10人に出してもらったら10万円になるよね。領太はその10万円で新しい商品を開発するという仕組み。そして、1万円を投資してくれた10人一人一人に「株券」というものを作って発行するわけ。もし、領太の商品開発が成功してたくさん売れたら、その株券の価値が上がるんだ。

株券の価値が上がる？

そうだよ。よくテレビで「株価が上昇しました」とか言うじゃない？　あれは、株券の価値、つまりはその会社の価値が上がったということなんだよ。

あぁ、パパが時々テレビとか新聞を見ながらそんなこと言ってるかも。株価っていうのは株券の価値のことだったんだね。

そう。株券を買ってくれた人のことを**「株主」**というんだけど、その会社の価値が上がれば、株主たちが持っている株券の価値も上がるんだ。1万円で買った会社の価値が1万5

000円になることもある。そうなったら、持ち続けてもいいし、売ってしまってもかまわない。

え!? 1万円で買ったものを1万5000円で売るの!? 5000円も得じゃん。

そういうこと。「株式会社領太」の株価が上がった時、「それ買います!」という人(投資家)がいたら、株主は株券を売ることができるんだ。こうした株券の運用を**「株式投資」**というんだよ。絵画やフィギュアやマンションなどの資産を持つことを「投資をする」ともいうと話したよね? 株式会社の株券を買うということは、代表的な「投資」の一つなんだ。

ちょっと待って。ということは、おじいちゃんもどこかの株式会社の株券を買っていたわけだよね? すごっ! おじいちゃんは死ぬ前に投資をしてたの?

大きな金額ではないけどね。

でもさ、もし商品開発に失敗したら? 会社が倒産しちゃったりしたら、株券を買ってくれた人たちにお金を返さなきゃならないの？

そうなったら、株主が買った株券は、ただの紙切れになってしまう。だから弁償したり、返金したりしなくていいんだ。株式投資というのはそういうものなんだよ。投資した株の価格が上がれば利益が得られるけど、株価が下がったり投資先の会社が倒産したら、投資したお金については株主が責任を持ってリスクを負う。これを**「リスク・リターン」**っていうんだ。

リスク・リターン？

リスクは、さっき説明したよね。「結果が不確実（未定・危なっかしい状態）」であるということ。リターンは、「投資を行うことで得られる収益（利益）」のこと。株式投資は、成功すればリターンが高いけど、失敗したら株券が紙くず同然になるというリスクがあるってことだよ。

失敗したら紙くず同然……。こわっ。おじいちゃんが買った株券は？　紙くずになってない？

さぁ、それはどうかな。パパとママに聞いてみないとわからないよ。

そっか……。ぼくが「おじいちゃんの株券どうなってる？」って聞くのも変だしなぁ。

そうだね。おじいちゃんとこうして会っていることを誰かに話しても、きっと誰も信じてくれないだろうしね。

あ！　わかった！

急に大きな声を出してどうした⁉

パパとママがハワイへ行くなんて言い出したのは、きっとおじいちゃんの持っていた株券の価値が上がったからだ！

なるほど！　その可能性は高いかもしれん！

人の株券を勝手に売るなんて、パパもママもひどいや。

そんな言い方をするもんじゃないよ、領太。お金は、今を生きている人が有効に使うものさ。だから、もしもおじいちゃんの株券でみんなの暮らしが楽しくなるなら、おじいちゃんも幸せだよ。

おじいちゃん……。

それより領太、株式投資には、**「株主優待」**というメリットもあるという話もしておこう。

カブヌシユウタイ？

会社が儲かった時に、うまくいったお礼として、利益の一部を株券を買ってくれたみんなに配ることを**「配当（はいとう）」**っていうんだけど、お金で還元することを配当、サービスや物で還元することを**「優待」**と呼ぶんだ。優待とは「関係者をもてなす」という意味ね。会社に関わる商品の割引券や商品そのものを、株主は無料でプレゼントしてもらえるんだ。そのサービスを株主優待というのさ。

ふーん。なんだか大人の世界って感じだね。

領太もすぐに大人になるよ。でも注意してほしいのは、自分が送りたい人生を送るためにチャレンジするのが資産運用であり投資なんだってこと。だから、決して無理をしてはダメなんだ。無理をすると、未来のためにお金を使いすぎて「今」が苦しくなってしまうからね。

よくわかったよ。ところで、株券はどこへ行けば買えるの？　株券を買いたいと思う株式会社？

いやいや、会社へ行っても株券は買えないよ。株券は「証券(しょうけん)会社」というところで買ったり売ったりできるんだ。

証券会社？

株券はどこで、どうやって買う？

証券会社とは、いろんな会社の株券を投資家に売る会社だよ。例えば、不動産屋さんだと「住まいを探してます！」という人の要望を聞いて、物件を探すお手伝いをするよね。証券会社の場合は、「株券を買いたいです！」という人から、どういった会社の株券を買いたいのか、いくらくらいの予算で投資を考えているのかなどを聞いて、窓口で手助けしてくれる役割の会社だよ。

そうなんだ。株式投資をしたいと思ったら、証券会社に相談するといいんだね。

そうだね。それと、証券会社は株券を売るだけが仕事ではないんだ。株式会社を上場させるお手伝いもするんだよ。

ジョウジョウ？

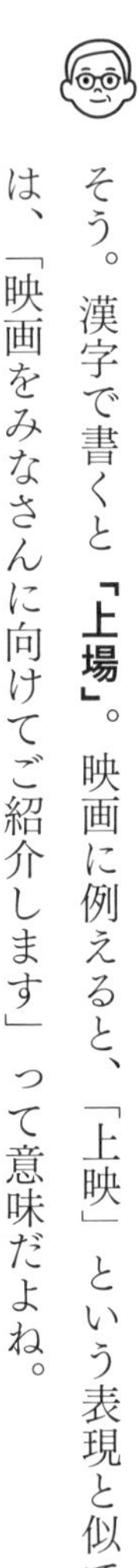

そう。漢字で書くと**「上場」**。映画に例えると、「上映」という表現と似てるかな。上映とは、「映画をみなさんに向けてご紹介します」って意味だよね。

うん、よく聞くね。映画が始まる前に言う言葉だね。

株式会社の上場も同じことなんだ。上場というのは「株式会社を投資家のみなさんにご紹介します」ということ。それに、紹介するだけではなくて、株式会社の内容を説明して、その株券を買ったり売ったりしてくださいと呼びかけることでもあるんだ。

なるほど。「株式会社領太」が上場すれば、いろんな投資家がぼくの株券を買ってくれるってことか。

そうだよ。でも、株式会社領太が投資家を探したり、一人一人の投資家と株券のやりとりをするのは大変だよね？　だから、そのやりとりも証券会社の人が手伝ってくれるんだ。

証券会社の人は、いろんな会社に詳しくないといけないね。たくさん勉強してるんだろうなぁ。そういえば、株券の価値が上がったり下がったりするのも証券会社の人が決めるの？

いや、それは証券会社の人が決めるのではなく、需要と供給の関係で決まるのさ。今まで何度か需要と供給という言葉が出てきたよね。

うん。何度も出てきたね。もう覚えたよ。需要が「ほしい」で供給が「与える」！

ピンポーン。ただ、株券に関する需要と供給は、少しだけ表現が変わって、需要が「買いたい人」、供給が「売りたい人」なんだ。そして、株価が上がるか下がるかは、その「買いたい人」と「売りたい人」の関係で決まるんだよ。ある会社の株券を買いたい人が多ければ株価は上がり、その会社の株券を求める人が少なければ株価は下がるってわけ。領太は、オークションって知ってるかい？

知ってるよ。有名な絵画とかを、みんなが「僕は10万円！」「私は20万円！」とか言いながら札を上げて買うあれのことでしょう？

そう。そのオークションみたいな感じ。ほしいと思う人が多ければ多いほど、その絵画の価格は上がるよね。株価も同じなんだ。「この会社は大きな儲けを出してくれる！　だから出資（応援）したい！」という人がたくさんいればいるほど、株価は上昇する仕組みだ

よ。

なるほどね。その会社を応援するために株券を買う人がたくさんいればいるほど、株価は上がるし、その会社にはたくさん資金が集まるってことだね。期待された会社は、儲かるために頑張らないといけないね。

完璧だよ、領太。もういつでも株券を買えるね。

ぼくが⁉　ぼくのおこづかいじゃまだ買えないよ。それより、ぼくの株券をみんなに買ってもらいたいよ。

株式会社領太の株か！　おじいちゃんが生きていたら、１０００株でも１万株でも領太株を買ってあげたいね。でも、株式投資は若者向きだからなぁ。まぁ、そもそも死んでるから買えないけど。

若者向き？　株を買うのは、若い方がいいってこと？

そうなんだ。おじいちゃんがまだ大学生だった頃、シカゴ大学のハリー・マーコウィッツというノーベル賞を取った先生から学んだことなんだけど、「若いうちは株で運用して、年を取るごとに債券と銀行預金を増やして、お年寄りになって退職する頃は銀行預金にしなさい」ってね。株という資産は増えたり減ったりする。でも、債券はリスクが小さめだし、銀行預金は減らない。だから若いうちは株という資産を買ってもいい。たとえ株価が下がっても、若いから次に株価が上がるまで待てるからね。でも高齢者は待っていられない。だからリスクの大きい投資はしないというわけだ。

ふーん……。つまり、投資するにも年齢が関係してくるってこと？

そうだね。ちなみに、マーコウィッツ先生は**「分散投資（ぶんさんとうし）」**という理論でノーベル賞を取ったすごい人なんだ。

ブンサン投資？

「卵を運ぶのなら一つのカゴに盛るな」っていうのが分散投資だよ。

分散投資

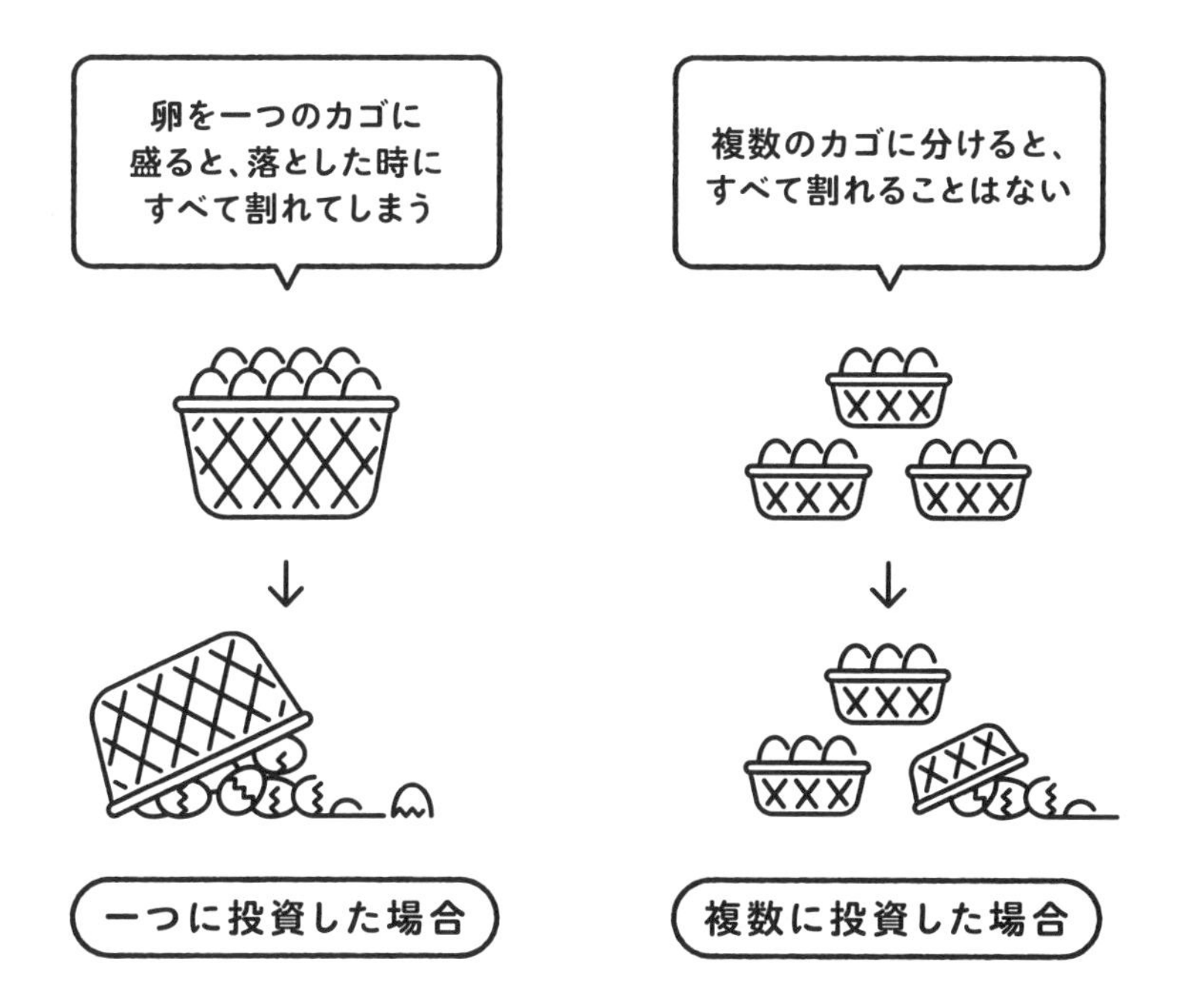

卵を一つのカゴに
盛ると、落とした時に
すべて割れてしまう
複数のカゴに分けると、
すべて割れることはない
一つに投資した場合
複数に投資した場合

どういうこと？　なんでカゴが一つじゃダメなの？

もし一つのカゴに卵をすべて入れて運んでいたら、転んだ時に卵がすべて割れてしまう。でも複数のカゴに分散して運んでいたら、一つのカゴの卵は割れてしまうかもしれないけど、他のカゴの卵は無事だよね。その分、リスクが減るということだよ。

なるほど。複数のカゴに入れることで、卵がすべて割れてしまうというリスクを分散できるということか。株式投資だけしていたら、もしもその会社が倒産したら、株券は全部紙くずになっちゃう。でも、価値が上がるかもしれないマンションも持っていたら、住むところもあるし、いつかお金に変えることもできる。そういうことだよね？

すごいよ、領太。本当に株式会社領太を設立できそうな勢いじゃないか！

褒めすぎだよ、おじいちゃん。ところで、株価ってどうやったら見ることができるの？

株価は、新聞やテレビやネットで誰でも見ることができるよ。気になる会社の株価がどんなふうに上がったり下がったりしているか見てみるといい。では、エベレスト級に賢い領太に、投資について最後の授業をするとしよう。

投資について最後の授業？

投資には、これまで話してきたようにたくさんの種類があるんだ。その中で代表的なものを三つあげるとすれば、おじいちゃんの考えでは、まずはリスクが少ない銀行の「貯蓄」だ。次にリスクが高めの「株券」。そして、三つ目がリスクが貯蓄と株券の中間くらいの「債券」。この三つは覚えておくといいよ。

投資を代表する三つの方法か。なんだか「サイケン」って難しそうな感じじゃない？

そんなことないよ。ここまで理解してるなら、お茶の子さいさい！

わかった。じゃあ、サイケンって投資についても『おじい先生の経済ノート』に書きとめておく！

債券のリスク・リターンは貯蓄と株券の中間くらい

国や会社に対して投資し（お金を貸し）、その証拠として発行されるものを**「債券」**というんだ。

ってことは、株券みたいなもの？

そうだね。前にも話したけど、株にしろ債券にしろ買ったときに発行されるというよりは、あらかじめ株券や債券が発行されていて、それを買うということなんだ。いずれにしても、どちらも仕組みとしては同じだね。ただ、株券と違うのは、債券を買うと定期的に利息（利子）を受け取ることができるということ。

銀行の利子みたいに？

そう。でも、銀行に預金して得る利子よりは高いかも。

株券は、投資するために買って、もしもその会社が倒産したとしたらお金は返ってこない

けど、債券も同じ？

いや、債券の場合は、投資する人は国や会社に対して、こう考えるんだよ。「あなたの会社は今後成長して、いっぱい儲かって株価が上がるかもしれませんが、私はそこには興味はありません。株式投資みたいに激しくリスク・リターンに左右されるのは嫌なので、貸したお金は返してください。いつ返すのかも決めましょう。返済期限、**償還期限**（しょうかんきげん）がきたら、約束した金額に利子をつけて払ってくださいね」。こういった考えが債券なんだよ。念のために言っておくけど、返済期限というのは、お金を借りている側が「この時までに返さなきゃ」と考えることで、償還期限というのは、お金を貸している側が「この時が来たら返してもらえるぞ」と考えることだよ。借りる側と貸す側の考え方の違いによるものなんだよ。

なんだか厳しいね。でも、国や会社が損しようと、必ず返してくれるなら安心だけど。

そう。債券は株式投資よりリスクが少ないんだ。決まった期日になったら、債券に書かれている金額が戻ってくる仕組みだからね。しかも利子までついて。株式投資の場合は、返してもらう保証はないものの、その代わりに、儲かったらたくさんリターンをもらえて、

儲からなかったら何ももらえない。どちらの投資を選ぶかは、人それぞれだけどね。ちなみに、債券を買う投資のことを**「債券投資」**というんだよ。国債は国が発行する債券だからリスクは小さいけど、社債は会社の債券だからリスクは国債より高い場合もあるよ。

債券も、株価と同じように価値が変わったりするの？

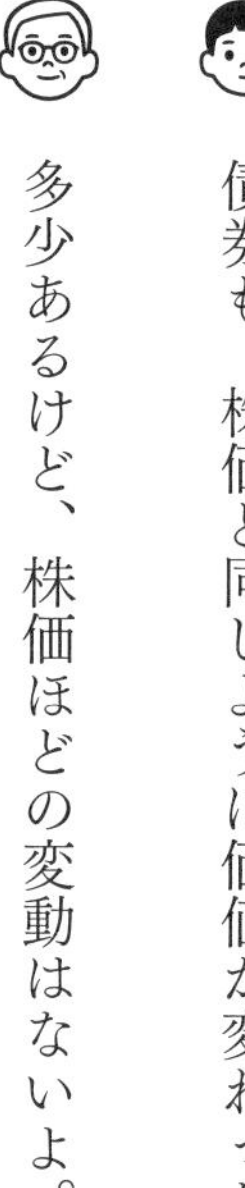

多少あるけど、株価ほどの変動はないよ。債券投資は、満期（決まった期日）がきたら利子がついた金額でお金が返ってくるけど、それまで待たなければならないという仕組みだから、その分、銀行よりは金利が高いんだ。

満期って、どれくらい？　どれくらい待ったらお金が増えた状態で戻ってくるの？

それは、5年の約束もあれば、30年の約束もあるよ。満期までの期間が長いほど利息（利子）は多くもらえるってわけさ。でもね、満期までに債券を売ることもできるんだ。

そうなの？　そこは株券と似てるね。株券は証券会社で買ったり売ったりできるって言ってたけど、債券も同じ？

そうだね。証券会社だけでなく銀行等でもできるよ。いろいろと複雑だから、実際に売買する時にはパパとかママと一緒にやるんだよ。

わかった。ノートにそう書いとくね。

なぁ、領太。

なに？ 真剣な顔してどうしたの？ おじいちゃん。

外国のお金の話から始まって、円高・円安の話、為替レートの話、貿易の話、銀行や景気の話、インフレ・デフレの話、消費税やふるさと納税の話、保険や年金の話、そして資産運用の話、たくさんのお金のやりくりについて領太と話してきたね。

そうだね。たくさん教えてもらって、ぼく、頭が良くなった気がするよ。ってゆーか、最初におじいちゃんを見たときは、心臓が飛び出ちゃうかと思うほどビックリした！ でも、今はぜんぜんそんなことないけどね。

そっか。ありがとう、領太。いろいろなお金の話をしてきたけど、これだけは覚えておいてほしいんだ。経済とは「ほしいという気持ちをお金を使って実現すること」だと教えたよね？

うん、資産運用の話でも、似た言葉を言ってたよね。「自分が送りたい人生を送るためにチャレンジするのが資産運用なんだよ」って。

よく覚えててくれたね。スポンジのように領太がどんどん吸収してくれて、おじいちゃん本当にうれしいよ。

それで？　これだけは覚えておいてほしいことって、そのこと？

もちろん、それも含めてなんだけど、寄付や投資を含めた経済は、人々の暮らしを豊かにするためのものだけど、優先すべきは領太自身の生活の安定が大切だってこと。どこかの市町村等や団体に寄付をしたとすると、その市町村等や団体は寄付によって取り組みが前進し、暮らしが豊かになる。どこかの会社の株券や債券を買って投資したとすると、その

資金は会社の支えとなり、大きな利益を生み出すかもしれない。でも、寄付や投資はあくまでもその人の余裕の範囲で行うべき活動で、決して無理をしちゃいけないんだ。それだけは覚えておいておくれ、領太。

そう言い残して消えていったおじいちゃんは、しばらく姿を見せなかった。

このままもう二度と会えないのかも……と思ったある秋の夜、再びぼくの前に現れたんだ。

第12章

仮想通貨ってなんだ？

電子データのみでやりとりされるお金

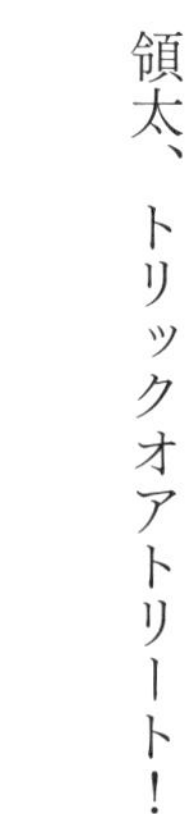

領太、トリックオアトリート！

は？

さぁ、おじいちゃんにお菓子をよこしなさい。

よこしなさいって……おじいちゃん、その前に何か言うことあるでしょう？

ほぇ？

何日出てこなかったと思ってるの⁉　もう二度と会えないのかと思っちゃったじゃん……。それに、逆だよ。

逆とは？

ハロウィンは、大人が子どもにお菓子をくれる日だよ。めちゃくちゃ久々に出てきてくれたかと思ったら、お土産もないの？

冗談だよ、冗談。おじいちゃんが手ぶらなわけがないだろう？　えーっと、領太にお菓子は……。えーっと、確かこのポケットに入れておいたはずなのだが……。

おじいちゃん、強がらなくていいよ。本当はハロウィンについて詳しくないんでしょう？　おじいちゃんが知らないことは、ぼくが教えてあげるから。

りょ、領太……。ワシの孫はなんて優しいんだ……。そんな優しい領太に、おこづかいをあげよう。

わーい！　やったー！

はい、どうぞ。

ありが……とう……。ってゆーか、これ何？　「B」って書いてある。金色ですごくきれいだけど、本当にお金なの？

これは、ビットコインという名前の**「仮想通貨（かそうつうか）」**だよ。

ビットコイン？　カソウツウカ？　ハロウィンの仮装パーティーで使えるお金ってこと？

領太は面白い発想をするね。たしかに、場合によっては仮装パーティーでも使えるかも。けど、実際はこんな形のあるお金じゃないんだ。これは仮想通貨をイメージしたレプリカ（偽物）のコインで、本当の仮想通貨は「電子データのみでやりとりされる通貨（お金）」なんだよ。

電子データのみでやりとりされるお金って、どういうこと？

「さわることができない」お金だよ。主に、インターネット上で取引されるお金のこと。インターネット上って、要するにスマホとかパソコンのことだよ。ふだん領太が漫画を買ったりスルメジャーキーを買ったりする時に使うお金は、日本銀行が刷るお札と、造幣局が製造している硬貨だよね。そういったお金のことを**「法定通貨（ほうていつうか）」**というんだ。一言でいうと、国と中央銀行によって保証されているお金のこと。アメリカの法定通貨はドルだよね。でも、仮想通貨は「法定通貨」ではないんだ。つまり、特定の誰かによって価値が保証されているわけではないってこと。だから、昨日は150円として使えたのに、今日は100円の価値に変わっているなんてこともあるお金なんだよ。

お金の価値が変わっちゃうの⁉　なんで？

領太、これも「需要と供給」が関係しているんだ。

また出てきた！　需要が「ほしい」で、供給が「与える」だよね。

その通り。仮想通貨は2009年あたりに運用が開始された新しいお金の形なんだけど、

それを「ほしい」「使いたい」と思う人が増えれば増えるほど、価値が上がる傾向にあるんだ。だから、そもそもお金ともいえないんだよ。金とか銀みたいな資産と考えるといいよ。正式名称は暗号の資産という意味で**「暗号資産（あんごうしさん）」**というんだよ。

アンゴウシサン？　アンゴウって、「開けゴマ！」みたいなあの暗号だよね？

その暗号だよ。普通、誰かとお金のやりとりをする時は、主に銀行から銀行に振り込む形式をとるよね？　でも、仮想通貨（暗号資産）は銀行などの機関を通さず、個人と個人が資産を直接やりとりすることができる仕組みなんだ。そういった利用者同士で取引の情報が管理される仕組みを**「ピア・トゥー・ピア」**と呼ぶんだけどね。Ｐ２Ｐということもあるよ。インターネットで調べてごらん。

わかった、調べるよ。ところで、その仮想通貨ってお金は、どこに預けておくの？　インターネット上でやりとりするお金ってことは、自分が今いくら持ってるかとか、どうやって記録しておくの？

いいところに気がついたね、領太。領太は電車に乗る時、切符を買うかい？

切符？　小さい頃はママが買ってくれてたけど、ぼくが3年生になってからはママがSuicaにお金をチャージしてくれるから、切符は買わないよ。

なるほど。そのSuicaにチャージしたお金は、どうやって管理している？　自分の持っているSuicaに今いくら入っているかは、どうやったらわかる？

それは……ママのスマホに入ってるSuicaのアプリを確認すればわかると思う。

仮想通貨もその要領と同じで、「ウォレット」という通貨を保管する場所にパソコンやスマホを使ってアクセスし、そこでお金を管理するんだ。普通のお金に例えると、銀行口座のようなものだよ。

ってことは、仮想通貨はSuicaとか〝なんとかペイ〟みたいな電子マネーってこと？

とても似ているように感じるけど、仮想通貨と電子マネーは違う種類のお金なんだ。二つの違いは、まず発行元が違うということ。

発行元？

電子マネーは、企業や交通機関などが発行していて、法定通貨である現金をそのままデジタル化しているから、さっき話した「法定通貨」と同じ価値として使えるんだけど、仮想通貨は**「マイニング」**という複雑な計算によって発行される仕組みなんだ。それに、各国の中央銀行も関係していないし、何よりも使える場所が違う。電子マネーは、国内のさまざまな店舗で利用できるけど、仮想通貨は一般の店舗などの支払いは、残念ながら、現時点ではほぼできない。お金の価値が変動するから、支払いをするための体制が整っていないという感じかな。もちろん、ポイントも貯まらない。

アプリとかインターネットを使うところまでは同じだけど、電子マネーと仮想通貨はぜんぜん違うんだね。

そうだね。仮想通貨は、種類もいろいろあるんだ。

種類？

ペイもいろいろな種類があるだろう？　ペイペイとか、ラインペイとか、エーユーペイとか。

あぁ、たしかに。

仮想通貨にも種類があって、ビットコイン、イーサリアム、リップル、ビットコインキャッシュ、ライトコイン、NEM、イーサリアムクラシック、LISKなど、その数は増え続けているんだ。メリットは、国境を越えて利用できることや、送金するスピードが速く、手数料が安い。あとは、やはり銀行などの機関を通さず直接お金のやりとりができることかな。

すごくたくさん種類があるんだね。でもさ、仮想通貨ってどこで交換したらいいの？

それは、**「仮想通貨取引所」**と呼ばれるところで法定通貨と仮想通貨を交換するんだよ。

仮想通貨はどうして生まれたの？

仮想通貨って、紙幣でもないし硬貨でもないし、お金の価値は日々変わっちゃうし、買い物とかもあまりできなくて、誰がどんな目的で使うお金なの？ 持っていていいことあるの？

そもそも仮想通貨が使われ始めたのは、**「リーマンショック」**という出来事がきっかけなんだ。

リーマンショック？

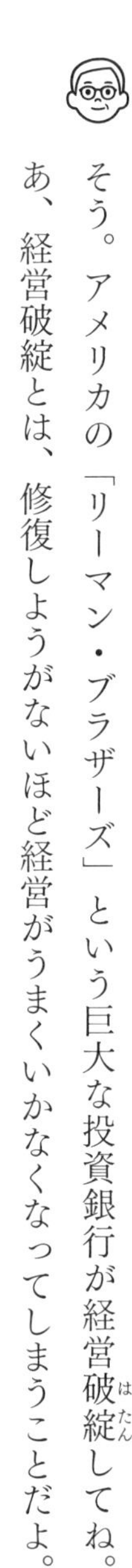

そう。アメリカの「リーマン・ブラザーズ」という巨大な投資銀行が経営破綻してね。あ、経営破綻とは、修復しようがないほど経営がうまくいかなくなってしまうことだよ。それによって景気が世界的に下落、金融危機が起きてしまったんだ。

たくさんのお金を預かってる銀行の経営がうまくいかなくなるなんて、なんだか想像するだけでヒヤッとするね。

2008年9月15日、アメリカの投資銀行であるリーマン・ブラザーズが経営破綻したことに端を発して、連鎖的に世界規模の金融危機が発生した。

写真：ロイター／アフロ

ほんとだね。けど、ショックな出来事はそれだけではないんだよ。その後、ギリシャでも金融危機が起きてしまったんだ。その時、ギリシャの銀行にお金を預けていた人たちが殺到して、「口座からお金を引き出させろ」って言ったんだけど、銀行は店を閉じちゃったんだよ。

え⁉　お客さんが来たのに、店を閉めちゃったの⁉　でも、ＡＴＭからお金を引き出せるんじゃない？

それが、ＡＴＭも使えなくしてしまって、現金を銀行から引き出せなくなったんだ。

絶望的だね……。銀行にお金を預けていた人たちは泣きたい気持ちだよね。

そうだね。日本銀行は信頼できるし、しっかりしているからそういうことはないと思うけど、さまざまな国でそんなショックがあるたびに、「中央銀行が発行している通貨（お金）じゃないお金がほしいな」って思う人も出てきたというわけ。こうして、インターネットを通じて個人と個人でお金のやりとりができる仮想通貨が使われ始めたんだよ。

なるほどね。その国の政府や中央銀行がしっかりしていないと、増えると思って預けていたお金が急に引き出せなくなっちゃうなんてことがあるんだね。

そういうこと。怖いのはそれだけじゃないよ。お金を発行している中央銀行や民間の銀行や政府が「今日からは別の通貨になります。紙幣も硬貨も変更します。今すぐします」なんて言ったら、持っているお金が紙くずになっちゃう。買い物ができなくなるし、貯蓄していたお金の価値がゼロになるし、それこそ泡をふいちゃうほどショックだよね。そんなショックを受けないために、法定通貨を仮想通貨に交換する人が出てきたんだ。

そっか。そういうことか。国とか中央銀行が認めているお金は、銀行に預けたり、買い物したりするのに便利だけど、逆に考えると、国が「国のお金を今日から変えまーす」と言ったら、今持っているお金は価値がなくなっちゃうんだね。だから、個人と個人でやりとりできる仮想通貨っていうお金ができたのか。なんだか、僕も仮想通貨がほしくなってきた。それにしても、仮想通貨なんてものを生み出した人はすごいね！　どこかの国の偉い人？　その人の仮想通貨、ほしいな。

おっ！　小学生で仮想通貨を持っていたらかっこいいね！　でも、領太が大人になってからでも遅くはない。それまでに、経済のあれこれをたくさん勉強するといいよ。そうしたら、自分に合ったお金の使い方や、やりとりの方法が自然に見えてくると思うから。ちなみに、仮想通貨であるビットコインを開発したのは**「サトシ・ナカモト」**という人らしい。

え⁉　どこかの国の偉い人でも神様でもなくて日本人なの⁉

いや、それが謎でね……。

なぞって？

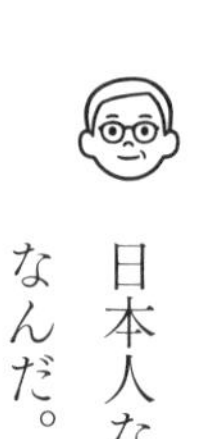

日本人なのか、日本人じゃないのか、個人の名前なのか組織名なのか、いまだに正体不明なんだ。

なんだかカッコイイね。

そうだね。ビットコインの仕組みを完成させたあと、管理や権限を他の開発者たちに渡し、表舞台から姿を消したらしい。世界各地で正体を探し当てようとする動きもあるけど、特定には至ってないそうだよ。「中本哲史」と漢字で表記することもあるそうだ。

へぇ〜、いつか正体がわかったら教えてね！

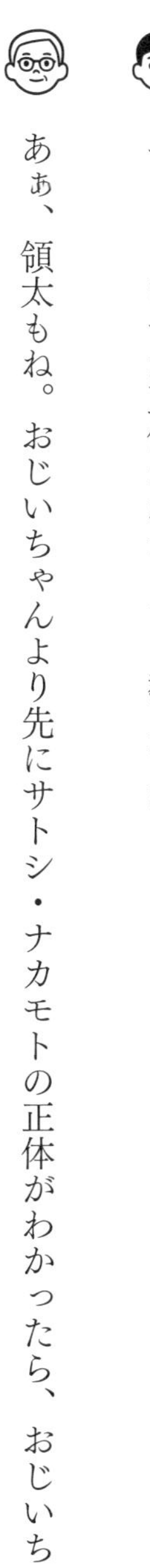

あぁ、領太もね。おじいちゃんより先にサトシ・ナカモトの正体がわかったら、おじいちゃんに教えておくれ。

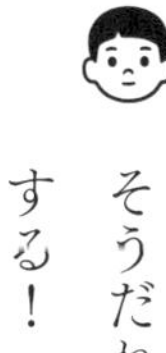

そうだね。じゃあ、おじいちゃんにもらったこのビットコインってやつをぼくのお守りにする！　経済のお守り！

ナイスアイデアだ。ビットコインをイメージしたレプリカ（偽物）だけど、おじいちゃんが領太を思う「想い」は詰まっているよ。

ありがとう。コインは偽物でも、想いは本物だね。

その通りだよ、ワシの大事な領太。

そういえばおじいちゃん、いろいろなお金の話が出てきたけど、クレジットカードって何？　ママが買い物する時に「クレジットカードで」って言って財布から出すと、お金を払ってないのに買い物ができるんだ。クレジットカードも仮想通貨みたいなものなの？

クレジットカードは「あとでまとめて払う」方式

領太、いい質問だね。**クレジットカード**と仮想通貨はまったく別のもので、クレジットカードは電子マネーと同じように、国に認められている「法定通貨」によって買い物をする仕組みだよ。ただ、買い物をした代金をあとで支払うことのできる仕組みになってるんだ。だから、領太のママは直接お金を払わずに商品を買うことができてるんだよ。

あとで払うって、いつ？　どうやって？　商品を買ったお店の人は、お金が支払われるのを待っててくれてるの？

おっと、なんだか質問攻めだな。いいぞいいぞ、領太。「もっと知りたい」と思うその好

奇心が、領太の知識の幅を広げることになるからね。まず、クレジットカードで買った商品の代金を「いつ、どうやって払うか」というと、毎月決まった日にちに、その月に買ったすべての代金をまとめて支払うんだ。方法は、銀行に預けているお金が自動的に引き落とされる仕組みが一般的だよ。

お金を持っていなくても商品を買えるなんてすごいね！　クレジットカードは誰でもすぐに作れるの？

いや、誰でも簡単に作れるわけじゃないよ。そもそもクレジットカードを作るには「審査（しんさ）」が必要だからね。

審査？

そうだよ、クレジットカードを作りたいと申し出た人は、ちゃんと仕事をしているかとか、収入はいくらあるかとか、住所や電話番号などの個人情報を含め、さまざまなことを審査されるんだ。なぜかというと、領太のママが「クレジットカードで」と言ってお店の人にカードを差し出した時点で、クレジットカード会社が商品の代金を立て替えてくれる仕組みになってるんだ。立て替えるってわかるかい？「代わりにお金を払ってくれる」という意味だよ。だから、商品を売ったお店は、お金が支払われるのを待っててくれるのではなく、カード会社が支払ってくれた代金をすぐに受け取っていることになる。となると、クレジットカード会社の人は、立て替えたお金を返してもらわないとならないよね？だから「この人にお金を貸しても大丈夫か？」ということを調べるために審査して、大丈夫だと判断された人のみクレジットカードを持つことができるんだ。

そっか……。買い物をした時点で、クレジットカード会社に借金をしてるようなもんなんだね。そりゃー銀行から勝手に引き落とされてもしょうがないや。でも、1ヶ月分の買い物の代金をまとめて払うとなると、銀行に預けてるお金が一気に減っちゃうね。

そうなんだ。そういう恐れもあるから、クレジットカード会社は「いくらまで使えるか」という限度額を決めた上でカードを発行するんだよ。それも審査によって一人一人決められるんだ。

へぇ〜、じゃあママは厳しい審査を通り抜けて、クレジットカードを手にしたってわけか。

そういうことだね。クレジットカード会社に信用された証拠だよ。それに、クレジットカードは買い物ができるだけじゃなく、水道や光熱費などの公共料金、税金など幅広い分野で利用できるようになってきている。それに、支払いをするたびにポイントが貯まったり、盗難にあっても保険が適用されたり、暮らしに欠かせない存在になりつつあるんだよ。

ふーん。すごく便利なのはわかったけど、やっぱり「あとでまとめて払う」のが嫌って人はどうしたらいいの？　そういう場合は、現金で買い物するしか方法はないの？

いや、そんなことないよ。そういう場合は「デビットカード」や「プリペイドカード」を使うといい。

デビットカード？　プリペイドカード？

「即時払い方式」のデビットカードとプリペイドカード

クレジットカードのように、あとからお金が引き落とされる仕組みを**「ポストペイ」**とか**「後払い方式」**というんだけど、その場で支払いが完了する**「即時払い方式」**という仕組みもあるんだ。その代表的なカードが**デビットカード**と**プリペイドカード**さ。

どんなカード？

まず、デビットカードは、買い物したと同時に（店員さんにカードを渡して処理された時点で）自分の銀行口座から利用額が引き落とされるカードだよ。口座に入っている残高の範囲で利用できるから、買いすぎてしまう恐れもないんだ。そしてプリペイドカードは、事前にチャージ（入金）した金額の範囲内で商品やサービスを購入することができるカードだよ。デビットカードと同様、使いすぎを防げるというメリットがあって、より現金に近い感覚で使用できるカードだといえるね。それに、デビットカードとプリペイドカードは、クレジットカードほど審査が厳しくないから、初めて使うカードとしてオススメだよ。

でもさ、現金に近い感覚で買い物ができるなら、現金でいいじゃん。

まぁね。けど、例えば財布に現金が少ししか入っていなくて、買いたい商品を買えない場合、お金を預けている銀行に引き出しに行かないといけないよね。そんな時カードがあれば、わざわざ銀行へ引き出しに行かなくても、お店が直接銀行口座からお金を引き落としてくれるから、ほしいものがすぐに手に入るよ。

そう考えると便利だね。前に、ママとデパートへ行った時、お財布の中にお金を入れてくるのを忘れたと言って、何も買わずに家へ帰ったことがあったよ。そういうことがなくなるってことだね。

そうだね。サザエさんのようにお財布ごと忘れてしまったらどうにもならないけど、現金を忘れても何かしらのカードがあれば安心ってわけ。

サザエさんみたいにお財布を忘れても、スマホに電子マネーが入っていれば買い物できるよ。

たしかに！　だんだん現金を使う人が少なくなってきそうだ。

うん。ぼくも、大人になったらクレジットカードの審査に受かるよう、信頼される大人にならなきゃ。

大丈夫。心配いらないよ。なんてったって領太は総理大臣に……おっと、もうこんな時間だ。領太、久々に一緒に風呂に入るとしよう。

やった！　今日こそバルコニーでアイスキャンディーを食べようね。ハロウィン限定のかぼちゃ味があるよ。

第13章

環境経済ってなんだ？

地球温暖化と経済

ハア……。

領太、ため息なんてついてどうしたんだい？

あ、おじいちゃんか。

あ、おじいちゃんか。って、なんだかツレナイなぁ。おじいちゃんが現れても、もうぜんぜん驚かなくなったね、領太。

そりゃそうだよ。子どもは順応性（じゅんのうせい）があるからね。

順応性があるって……自分で言うのもどうかと思うけど。ところで、そのため息の原因は何かな？

今日は、おじいちゃんの出番はないよ。

どういうことだい？

だって今日は、経済とはぜんぜん関係ない宿題を出されたから、ぼくはそれをやらなきゃいけないんだ。だから今日は、おじいちゃんの出番はないってこと。

そんな寂しいこと言うなよぉ。いったいどんな宿題だい？　経済と関係なくても、おじいちゃんが手伝ってあげられるかもしれないじゃないか。

それはないと思うなぁ～。だって、**地球温暖化**のことだもん。

地球温暖化？

そう。今日ね、先生がすごく怖いことを言ったんだ。温暖化が進んで地球全体の気温が上がったら、北極や南極の氷がとけて水位が上昇し、世界中が海にのまれちゃう……って。ねぇ、おじいちゃん、本当にそんなことになるの？

その可能性は、ゼロではない。けど、そうなってしまわないよう、世界中の人が「今できること」と「今やるべきこと」を一生懸命話し合っているんだ。ボタン一つでお風呂が沸（わ）くような先進国は、豊かな暮らしを維持するために膨大な二酸化炭素を生み出し続けてきたからね。世界中が海にのまれないためにも、たくさんの国の代表が集まって、さまざまなルールを決めたりしている。まずは地球温暖化がどうして起こっているのか、そして温暖化をくい止めるためにワシらは今何をすればいいのか、そのことと向き合い、行動に移すことが大切なんだよ、領太。

すごい！　おじいちゃん、本当に学校の先生みたい！

本当に学校の先生だったからね。それに、地球温暖化は、経済学の世界では、**環境経済**（かんきょうけいざい）という分野なんだ。

カンキョウケイザイ？　経済と関係あるの？

モチのロンさ！

そっか。じゃあ、一緒に宿題を考えてよ。今おじいちゃんが言っていたことが、まさに今日の宿題なんだ。地球温暖化が進まないために、今ぼくたちに何ができるかってこと。

なるほどなるほど。それはいい宿題だね。今や地球温暖化をはじめ気候変動への具体的な取り組みは、国連で決められた**SDGs（Sustainable Development Goals：持続可能(じぞくかのう)な開発目標）**の中にも盛り込まれている国際社会共通の目標だからね。では領太よ、そもそも地球温暖化はどうして起こっていると思う？

地球温暖化がどうして起こっているかって？

そう。領太と一緒に入るお風呂みたいに、誰かが全世界の温度を設定することなどできない。あくまでも自然と上昇してしまった。いったいなぜ？

なぜって……えっと……さっきおじいちゃんも言ってたけど、二酸化炭素が関係しているとかなんとか先生が言っていたような……。

おー！　すごいじゃないか、領太！　そうだよ、その通り！　地球温暖化には二酸化炭素が関係しているんだ。そもそも二酸化炭素とは、燃やされたゴミなどから発生する「ガス」のことだって知っていたかい？

ガス？　いや、知らなかった。

二酸化炭素というガスは、ワシたちの身近なところで発生するんだ。例えば、車で移動する時、ガソリンを燃焼することでも発生するし、生活に欠かせない電気を作るためにも燃料を燃やすから二酸化炭素が発生するんだ。二酸化炭素の他にも、地球の温度を上昇させるメタンやフロンという名前のガスもあるのだが、地球温暖化に最も影響しているのが二酸化炭素なのだよ。

もしかして、そのガスって……「温室効果ガス」ってやつ？

そうだよそうだよ！　領太、どうしてそれを知ってるんだ？

地球温暖化についての宿題が出されたから、ちょっとだけ図書室で環境の本を読んでみたんだ。そこに温室効果ガスって書いてあったような気がする。でも、なんのことかよくわからなかった。

そうかそうか、よくわからなくても名前を覚えていただけで充分だ！　偉いぞ領太！　二酸化炭素などの「温室効果ガス」は、大量に排出されることによって地球の表面にガスがたまりすぎてしまい、気温が上昇したり気候が変化したりしてしまうんだよ。

ってことは、温室効果ガスってやつは悪いガスってこと？

いやいや、そうじゃない。温室効果ガスがまったくないと、それはそれで大変なんだよ。太陽の熱が全部宇宙に逃げてしまい、地球の平均気温は氷点下19度まで下がってしまうと言われているからね。

氷点下19度⁉　冷凍庫より寒いってことだよね⁉　地球が凍っちゃうじゃん！

そうなったら大変だろう？　本来の温室効果ガスは、たくさんの生き物が住みやすい環境を作るため、地球を暖かく保つ役割をしている。だから地球にとってなくてはならないガスなのだけど、増えすぎると地球温暖化になって困ってしまうというわけさ。

そっか……悪いやつじゃないんだね。

そういうことだよ。そして領太、ここからがお前にとっての本題だ。

本題？

学校の先生は、なんて言ってたんだっけ？

温暖化が進んで地球全体の気温が上がったら、北極や南極の氷がとけて水位が上昇し、世界中が海にのまれちゃう……って。

そうなってしまわないよう、世界中の人が「今できること」と「今やるべきこと」を一生懸命話し合っているとさっき言ったよね？

うん。

じゃあ、どうしたら二酸化炭素を抑えられるか。ガスも電気も使わないと不便だし、不便を我慢し続けるにも限界がある。それに、発展途上国の人たちは、これからもどんどん経済成長したいと思っているし、それを止めることは誰にもできないと思う。

じゃあ、どうするの？

それは**「新しい経済の仕組み」**を考えるんだ。

新しい経済の……仕組み？

新しい経済の仕組み

そう。二酸化炭素を抑えて生活するための新しい経済の仕組み。二酸化炭素を抑えながらも、不便な生活を強いられることなく、これまで通りの豊かで満足度の高い生活を維持できるような経済の仕組みだよ。

でも、そんなこと可能なのかな？

可能さ。逆の発想で新しいビジネスを考えるんだよ。

逆の発想？

そうだよ。地球温暖化を防ぐ方法を研究・開発して、それをビジネスにするというわけさ。例えば、領太の大好きなラーメンで考えてみようか。

ラーメン？　ぼく、チャーシュー麺（めん）が好き。

じゃあ、チャーシュー麺で例えてみよう。チャーシュー麺の主役は豚肉だよね。その豚肉を仕入れるには豚を育てなくてはならない。つまり養豚のことだ。けれど、豚を育てるの

は簡単ではない。冬場には豚小屋を暖かくしてあげなければならないし、夏場には涼しくしてあげなければならない。だから一年中エアコンを動かさないといけないね。そのためには電気が必要となる。電気を作るには温暖化に影響する石油、石炭を必要とする。太陽光、地熱、風力などもあるけれど、まだまだ充分ではない。結局、電気を使うと温暖化になんらかの影響を与えてしまう。

チャーシュー麺を食べるためには、どうしても二酸化炭素が出てしまうってこと？　ぼく、もうチャーシュー麺を食べるのやめる！

まぁまぁ、あせるでない。たしかに、豚肉を使っている限り、どうしても環境問題からは逃れられないかもしれない。けど、「豚肉とそっくりな環境にやさしい新たな豚肉」があったらどうだい？

そんな豚肉ってあるの？

それがあるんだよ。それは、野菜で作られた豚肉なんだ。繊維質が多い野菜や豆を加工して、豚肉と同じような素材を作ることができるんだよ。そいつにチャーシューと同じような味つけをすれば、豚を育てなくてもチャーシュー麺を食べ続けることができるんだ。

へぇ〜、そりゃすごいや。でもさ、野菜を育てるにもエアコンを使うんじゃない？　社会科見学でビニールハウスへ行った時、農家の人がそう言ってたよ？

さすが領太！　するどい質問だ！　たしかに野菜を育てるにもエアコンは使われている。でもね、最近は太陽光を利用したハウス栽培が普及しているんだよ。栽培法も環境にやさしい新たな手法がどんどん開発されているんだ。

太陽光？　屋根に大きいパネルが取りつけられているあれ？

そうそう、あれ。

お金がかからないの？

いや、かかるんだ。でも、お金がかかるからいいんだよ。

お金がかかるからいいって？　どういうこと？

お金がかかるということは、それに取り組んでいる会社や人にお金が流れ込むということ。また、お金が流れるということはビジネスとして成立しているということ。となると、お金を稼ぐために人々が集まる。環境問題にしっかりと対応して温暖化を防ごうとしている会社とそうでない会社だったら、領太はどっちで働きたい？

そりゃ温暖化を防ごうとしてる会社でしょ。

そういうこと。みなが環境対応の会社で働こうとするだろうし、環境対応をしていない会社も対応を始めざるを得ない。それによって新たな領域が経済界に生まれることになる。こうして経済は成長するわけだ。**持続可能な新しい経済開発**が実行されるということだよ。

持続可能な新しい経済開発……か。

持続可能な新しい経済開発が実行されることによって、温室効果ガスの排出量と吸収量のバランスを取ることを目指すというわけ。温暖化は単なる環境問題ではなく、経済の視点でも解決が期待できるんだよ。

なるほどね。地球温暖化と経済は関係ないなんて言った自分が恥ずかしいよ。

また一つ賢くなったね、領太。より良い暮らしを送るために、どんどん知識を身につけようね。

うん、ありがとう、おじいちゃん。おじいちゃんがぼくに会いに来てくれたおかげで、ぼくは急に大人になれた気持ちだよ。

……。

おじいちゃん？　下向いてどうしたの？　眠いの？

ヒ、ヒック……ヒック……。

な、泣いてるの⁉

領太が……ありがとうって……死んじまったワシが領太の役に立てたなんて……ヒック。

やめてよ、おじいちゃんが役に立つとか立たないとか、そんなの関係ないよ。

関係ない……って？

そうだよ。関係ない。ぼくはずっとおじいちゃんに会いたかった。小さい頃に会っていたかもしれないけど、覚えてないからちゃんと会ってみたかった。実際に会うことができて、すごくうれしいんだ。それに……ぼくはおじいちゃんが大好き。面白くて、優しくて、なんでも知っていて、幽霊だろうと自慢のおじいちゃんだよ。だから役に立つとか立たないとかそんなの関係ないよ。

領太……。

ねぇ、おじいちゃん。何かを燃やすと二酸化炭素が出るんだよね？　ということは、おじいちゃんとお風呂上がりに食べるアイスの棒も、燃やすと地球温暖化になっちゃうの？

まぁ、そういうことになるね。

そっか……。そうだ！　ぼく、いいこと思いついた！　来年の夏休みの工作は、地球温暖化を防ぐためにアイスの棒を使って作ろうよ！　毎日おじいちゃんと一緒にお風呂に入って、そのあと一緒にアイスを食べて、それで木の棒がたくさん集まったら一緒に工作しよう。そしたら捨てずに済むし、燃やされて二酸化炭素を出すこともないよね。たまったアイスの棒を燃やさず、それを再利用できるものに変えるなんて名案でしょ！　おじいちゃん！

あぁ、とっても素敵な案だね、領太。それに、ワシのことをそんなふうに慕（した）ってくれて……ありがとう……。ワシは世界一幸せなおじいちゃんだ。

それじゃ答えになってないよ！　毎日一緒にお風呂に入ろうね！　最近、出てきてくれないことがよくあるけど、ちゃんと毎日出てきてよね。約束して！

領太……ワシの宝物の領太……残念だけど、領太のその小指と指切りゲンマンすることは……できないんだ……。

え!?　なんで!?　変な冗談はやめてよ。どういうこと？

……。

ねぇ、おじいちゃん！　明日も出てくるよね!?　一緒にお風呂に入って、そのあとバルコニーでアイス食べるよね？　アイスの棒で一緒に工作するよね？　それが地球温暖化を食い止めるために「今できること」なんだよね!?

……。

黙ってないで、なんか言ってよ！　突然消えたら許さないよ！　ずっと会いたかったおじいちゃんに会えたのに、なんでだよ！　なんで急にそんなこと……。

ごめん……領太……。規則なんだ。

キソク……？

実は、下界へ降りてこられる回数は決まってるんだ。そして、降りてくるたびに体力をめちゃめちゃ使う。おじいちゃんは領太に会いたくて会いたくて、全神経を使ってこの世に姿を現してきたけど、次にここへ来る体力も回数も……もう残ってないんだ……。

……。だから最近あまり出てこなかったり、突然消えちゃったりしたの？

あぁ……。

そんなの嫌だよ！　納得できないよ！　規則がなんだよ！　体力がなんだよ！　体力がないなら、もっと体力をつけてよ！　ひょっこりはんできるくらい出たり消えたりして見せてよ！　うるさいこと言うやつがいるなら、ぼくが直接会って頼むから！

領太、おじいちゃんは領太に会えて本当に本当にうれしかった。

ぼくだってそうだよ！　大好きだよ……おじいちゃんが……大好きだよ……。

泣かないでおくれよ……。領太は笑っている方が、めちゃんこかわいいよ。

「めちゃんこ」とか……また若者言葉を使っちゃってさ……。

似合わないかい？

うん……似合わないよ……。

さぁ、涙をふいて。笑っておくれよ、領太。

笑えないってば……笑えるわけないよ……。

じゃあ、おじいちゃんが笑ってみせてやろう。

その表情……どこかで見たことあるような……。

おや、そうかい？　じゃあ、この顔を忘れないでいておくれ、領太。温かいお風呂に一緒に入れて、おじいちゃんは最高に幸せだったよ。

おじいちゃん!?　ちょっと待ってってば！　消えないでよ！　おじいちゃん！　おまじないするから！　おじいちゃんがずっとずっと一緒にいられるように、おまじないするから消えないで！　ちちんぷいぷい、おじいちゃんが元気になりますように！　ちちんぷいぷい、おじいちゃんとずっと一緒にいられますように！　ちちんぷいぷい！　ちちんぷいぷい！　おじいちゃん！　おじいちゃ……ん……。


おじいちゃんの姿を見たのは、それが最後だった。

ぼくの自慢のおじいちゃんは、ぼくに知識という名の資産を残し、消えてしまったのだ。

最後におじいちゃんが笑ってみせた表情は、どこかで見たような気がする。あの表情は、いつどこで見たんだっけ……。

ぼくは記憶を辿り、押し入れの奥にしまってあるアルバムを取り出した。

ほこりまみれのそのアルバムを開くと、ぼくが幼い頃に見た新聞の切り抜きが貼ってあるのを見つけた。

あの頃は、漢字がいっぱいで読めなかったけど、今はその頃よりも読める。ところどころ漢字を飛ばしながらだけど、その記事はある被害について書かれていることがわかった。

それは、ぼくが通っていた保育園で起きたこと。

ぼくがその保育園に通い始めてすぐの頃、台風の被害によってその保育園は倒壊(とうかい)してしまったらしい。ぼくはまだ2歳とか3歳だったから、記憶には残っていないけど、次の保育園が決まるまでの間、しばらくママが仕事を休んで一緒にいてくれたことは、かすかに覚えている。

それからしばらくして、おばあちゃんが一緒に住むようになり、新しい保育園へはおばあちゃんと一緒に通った。

そして、台風の被害によって倒壊した保育園と共に、この世を去った人物が一人いたと記事に書いてある。その人物というのは……ぼくのおじいちゃんだった。

台風が来たその日、たまたま大学が休みだったおじいちゃんは、ぼくを心配して一目散に駆けつけてくれたという。

保育園に子どもを預けているお母さんたちは、みんなお仕事をしているから、どんなに急いで来ても数十分から数時間はかかる。でも、保育園のすぐ近くに住んでいたおじいちゃんは、保育園が大変なことになっているという連絡をママからもらって、嵐の中すぐにぼくを迎えに来てくれたそうで……。

けれど、ぼくだけを連れて帰るのではなく、倒壊寸前の建物に残って、先生たちと一緒に園児たちを安全なところへ全員避難させてくれたらしい。

そして横殴りの雨と強風によって、古い建物だった保育園は音を立てて倒壊……。

最後の最後まで一人残らず助けたおじいちゃんは、建物の下敷きになってしまったんだ。

保育園の劣化(れっか)については、日頃から近隣住民が心配していたらしい。耐震強度(たいしんきょうど)の基準を満たしていない恐れがあるから、すみやかに対処するよう役所から勧告(かんこく)を受けていたとのこと。

保育園の園長先生は、借金をしてでも対処しておくべきだった……と後悔と謝罪を何度も何度もパパとママに伝えてきたという。

経営困難が続いていて、「いつか」と思いつつも、古くなった建物を修繕(しゅうぜん)する余裕はなかったそうだ。

また、園長の息子が無茶な資産運用をして、経営困難になっていたという噂(うわさ)もあったらしいけど、その真相を追及したっておじいちゃんは帰ってこない。

おじいちゃんは、事故でも病気でもなく、子どもたちの命を助けるために命を落としてしまったのだ。

おじいちゃんは……ぼくのおじいちゃんは……ぼくの大好きなおじいちゃんは……ぼくだ

けのヒーロージャなく、本物のヒーローだった。

アルバムの次のページをめくると、そこには、ついさっき見たばかりの顔が現れた。

満面の笑みのおじいちゃんの写真と、園児たちを助けたことによって贈られた表彰状の写真が、記事の一部に掲載されている。

「おじいちゃん……」

そうか。だからおじいちゃんは資産運用の話をしてくれた時に、あんなことを言ったんだ。


「領太。いろいろなお金の話をしてきたけど、これだけは覚えておいてほしいんだ。……寄付や投資を含めた経済は、人々の暮らしを豊かにするためのものだけど、優先すべきは領太自身の生活の安定が大切だってこと」

経済を通じて、おじいちゃんは命を大切にすることも伝えたかったのかも……。

おじいちゃん、きっといつかまた会えるよね？　その日が来るまで、ぼく、頑張って勉強するよ。守ってもらった命を大切にして、おじいちゃんの分まで生きるよ。

ありがとう、おじいちゃん。ありがとう……。

―― 40年後 ――

かつて、幽霊のおじいちゃんと語り合ったあの日々から40年の月日が流れた。

おじいちゃんの顔や声の記憶が薄れてしまうたび、あの時のことは夢だったのではないか？と感じたりする。けれど、僕の宝物箱の中には、あの日おじいちゃんがくれたレプリカのビットコインが入ったまま。そして不思議なことに、コインはまったく劣化することなく、40年前の輝きを放ち続けている。

輝くコインが入っているこの宝物箱は、おじいちゃんと毎日一緒に食べたアイスキャンディーの棒で作った。

おじいちゃんが消えた翌年に夏休みの工作で作り、僕は全校集会で発表した。

地球温暖化を食い止めるため、棒を燃やして二酸化炭素を出さないよう、この箱を作った……と。すると、金賞をもらった。

もちろん、『おじい先生の経済ノート』も僕の宝物だ。

数年前、ふとノートを開いてみたら、最後のページにこんなことが記入されているのを見つけた。

「領太、地味にカッコイイよ！」

いつどの時代に書かれたかわからないけど、きっとおじいちゃんが現れて書き残したのだろう。新しい若者言葉を覚えたから、また僕に自慢しに来たのかもしれない。「地味においしい」「地味にかわいい」など、その昔流行ったのを覚えている。

もしかすると、目の前に現れていたのだろうか。

大人になった僕には、おじいちゃんの姿が見えないのだろうか。

今の僕は、あの時おじいちゃんが口を滑らせた通りの「将来」を迎えている。

おじいちゃんと税金の話をしている時、おじいちゃんが口を滑らせたのは、こんなシーンだった。

そんなんじゃ総理大臣になっても国民から愛され……。

え？　ちょっと待って。ぼくが総理大臣ってどういうこと？

あ、いや、なんでもない。

もしかして、おじいちゃんって未来のことがわかるの!?　ぼく、総理大臣になるの!?

いや、そうじゃなくて、例えばの話だよ、例えばの話。

うそだ！　本当のことを教えてよ！

本当に未来のことなんてわからないってば。領太が国民みんなの経済を豊かにするために、税金の改善に力を入れる総理大臣になるなんて……ハッ！

この時のやりとりを、僕は今も鮮明に覚えている。

そう。僕は……総理大臣になったのだ。

銀行のこと、消費税のこと、保険のこと、年金のこと、仮想通貨のこと、その他にもたくさん、小3のあの時代に教えてもらったことを基に勉強を重ね、経済学部のある大学へ進学した。

とはいえ、すんなり将来を決めたわけじゃない。大学へ進学する前、経済以外の道を考えたりもした。

小3だった当時、おじいちゃんに教えてもらった地球温暖化に興味を抱いた僕は、高校では「新しい経済の仕組み」について深く考え、環境関係の大学へ進学しようと思っていた。

また、工作も好きだったため、美術系の大学への進学も考えたが、手先が器用ではなかったことから、物作りに関しては趣味として割り切ることにした。

そんなある日のこと。高校2年の夏休みに、僕が通っていた保育園の園長先生から、僕宛てに一通の手紙が届いたのだ。

手紙の内容は、おじいちゃんが死んでしまったことについての謝罪から始まり、園の倒壊を防げなかったことをずっと悔やんで生きてきたという内容だった。

そして最後に、不思議なことが書かれていた。

それは、手紙を書く数日前に、園長先生の夢の中におじいちゃんが出てきたということ。正確には、おじいちゃんが目の前に現れたとのことだが、それが現実だと思えない気持ちもあり、夢を見たという表現で書かれてあった。

園長先生の夢の中に現れたおじいちゃんは、こんなことを言っていたそうだ。

過去は誰にも変えられない。変えられるのは未来だけです。明日という未来です。そして、明日を変えるためには、「今」を大切に生きる

ことです。どうか過去を引きずらず、幸せになってください。

そう言うと、スゥーッと姿を消したという。

園長先生は、おじいちゃんを死なせてしまったことで後悔の念に苦しみながら生きていたとのことだが、その夢を機に、前を向こうと思うと手紙に書かれていた。

今日という日を懸命に生きようと思う……と。

僕は、その手紙を読んで自分の将来を決めた。

お金のやりくりによって、人々が苦しむことなく、命を落とすようなこともなく、誰もが平穏な暮らしを送り、存分な教育を受けることもでき、そして借金まみれのこの国の経済を豊かにするため、僕は経済を学ぶ。それでいつか……総理大臣になる。なってみせる……と、あの夏、僕は決めたんだ。

そして今、あの時のおじいちゃんの予言通り、僕は総理大臣として国民の前に立っている。

ねぇ、おじいちゃん。僕は大人の階段をまた一段上ったよ。

僕らの命と引き換えに、この世を去ってしまったおじいちゃんの分まで、精一杯生きるよ。

それが、おじいちゃんに対する恩返しだから。

それが、今を生きる僕にとっての幸せだから。

おじいちゃんがつけてくれた領太という名前は、領収書の「領」でもあり、大統領の「領」でもある。

一つの漢字にさまざまな意味があるように、一つの問題に対してさまざまな正解の道を考え、より良い世の中にするために僕は前進する。

すべての人々の暮らしを、豊かにするために——。

あとがき

筆者は大学の教員として経済について教えている。よって、経済〝学〟のことはある程度はわかっているつもりだ。だが、「経済ってなんですか?」と学生から聞かれると、「経世済民でしょ」と答えることしかできない。「では、経世済民とはなんですか?」と聞かれると、「民を救うために世をおさめるということで……それで、えっと……」とモゴモゴしてしまう。それを聞いた学生も、よくわからないのでモゴモゴしてしまう。

こうしてモゴモゴしている筆者に、「経済のことをわかりやすく、それこそ小学3年生にもわかるように書いてくれませんか?」と大胆な提案をしてくれたのが、本書の生みの親であり、筆者の担当編集でもあるSBクリエイティブの吉尾太一編集長だ。

「それはいいですね。ぜひ、やりましょう」そう安請け合いしたものの、筆を執った途端に急に不安に襲われた。なぜなら、経済は私たちの生活全般に関わるとんでもなく広いテーマだからだ。そのうえ、経済は目に見えない、いわば〝空気〟みたいなもの。そんな空気みたいなものについて、「こうです!」とちゃんと説明できるだろうか?

例えば、スーパーで買い物をするのも、税金を払うのも、病院で診療を受けるのも、サラリーマンが給料をもらうのも、海外旅行も、コンビニでジュースを買うのも、書店で本を買うのも、電車に乗るのも、バスに乗るのも、スマホを見るのも、電話をかけるのも、すべては経済活動に関わっている。

それだけではない。日本がアメリカや中国から輸入するのも、アメリカや中国に輸出するのもすべて経済活動だ。まだある。日本という国の政府も経済活動を行っている。総理大臣の給料も、国会議員、省庁の公務員、都道府県や市区町村の公務員の給料も経済活動だ。小学生の登下校の時に利用する歩道も、信号機も、港湾や道路の設計・施工も管理も修繕もやっぱり経済だ。

もっとある。インフレ・デフレに失業率も経済だ。GDPもGNPも経済だ。円高も円安も仮想通貨も。これらは、毎日のように新聞やテレビの経済ニュースで目にする話題だ。

こうした広範囲にわたるトピックをそれぞれ解説するだけでも一苦労だが、それを「小学3年生にもわかるように」かみ砕いて説明しなければならないのだ。

これは想像以上に骨の折れる作業であった。というのも、例えば、「GDPとは国内総生産である」と説明したとする。大人であればそれで済むかもしれない。でも、小学生ではそうはいかない。「なぜ国内なの?」「総生産ってどういうこと?」「国民と国内はどう違うの?」など、矢継ぎ早に次の質問が生まれるだろう。そしてその質問に対する回答がさらに別の質問を生じさせる。そうしたエンドレスな質問ひとつひとつに丁寧に答え続け、最終的に何一つ質問が生まれなくなった時に初めて、「小学3年生にもわかるように解説できた」ということになる。難しいことを簡単に説明するのが、いちばん難しいものなのだ。

本書には、円高・円安、景気、インフレ・デフレから資産運用、仮想通貨、環境経済まで、ありとあらゆる経済のトピックが取り上げられているが、そのすべてにおいて、「小学生にもわかる」ように、平易に、かみ砕いて解説するよう最善を尽くした。ただ一方で、あまりにも平易にし過ぎて正確性を欠いてもいけない。その塩梅(あんばい)がこれまた難しい。中には、まだ若干嚙(か)み応えのある解説も、一部、残っているかもしれないが、それらは思い切って読み飛ばしてもらっても、経済の本質が理解できるよう書いたつもりだ。最終的な判断は読者の皆さんにゆだねたいが、経済の入門書の中では飛び切りわかりやすく、楽しめる内容になったのではないかと自負している。

本書が社会人はもちろん、小中学生から主婦、お年寄りまで、老若男女幅広い読者の手に届き、「経済ってなんだ?」という日々の疑問を解決するひとつのヒントになれば、筆者にとってこれにまさる喜びはない。

最後に、本書の刊行にあたり、イメージを象徴するイラストを描いて頂いたNoritakeさん、素晴らしいデザインに仕上げて頂いた松本琢朗さん、魅力的かつ立体的な構成に磨き上げて頂いた瀧森古都さん、内容について様々なアイデアを頂いた勝島一さん、宮本直子さん、三津間なゆたさん、そして、本書の企画の生みの親であり、執筆に苦悩する筆者を長期間にわたり励まし、本書の完成を辛抱強く指揮して頂いたSBクリエイティブの吉尾太一編集長に感謝を記す。

2021年7月

山本御稔

著者略歴

山本御稔（やまもと・みとし）

東京国際大学大学院客員教授。
1961年生まれ。同志社大学経済学部卒、シカゴ大学MBA、九州大学博士課程満期退学。ペンシルベニア大学ウォートン校年金・キャッシュマネジメントコース修了。中央信託銀行（現 三井住友信託銀行）、外資系保険会社を経てデロイト・トーマツにて年金、資産運用部門のパートナーとして勤務後、2020年よりコア・コム研究所取締役社長。著書に『ＭＢＡ娘殺人事件』（ＰＨＰ研究所）、『「宝くじは、有楽町チャンスセンター1番窓口で買え！」は本当か？』（SBクリエイティブ）、『プレゼンテーションの技術』（日本経済新聞出版）などがある。

経済ってなんだ？

世界一たのしい経済の教科書

2021年8月30日　初版第1刷発行
2022年2月17日　初版第5刷発行

著　者　山本御稔
発行者　小川 淳
発行所　SBクリエイティブ株式会社
〒106-0032　東京都港区六本木2-4-5
電話：03-5549-1201（営業部）

デザイン　Noritake、松本琢朗
イラスト　Noritake
組　版　アーティザンカンパニー株式会社
編集協力　瀧森古都
編集担当　吉尾太一
印刷・製本　中央精版印刷株式会社

本書をお読みになったご意見・ご感想を
下記URL、またはQRコードよりお寄せください。

https://isbn.sbcr.jp/87261/

ISBN978-4-7973-8726-1